Das große Hashimoto Kochbuch

Einfache und leckere Rezepte für eine optimale Ernährung bei Hashimoto und ein beschwerdefreies Leben. Genussvoll kochen für eine gesunde Schilddrüse.

Inhalt

Vorwort

Liebe Leserin, lieber Leser,

als Autorin und leidenschaftliche Köchin, die stets auf der Suche nach neuen, inspirierenden Ideen für die Küche ist, habe ich es mir zur Aufgabe gemacht, die Ernährung bei Hashimoto-Thyreoiditis in den Mittelpunkt zu stellen. In diesem Buch findest du daher eine Vielzahl an Rezepten, die alle eines gemeinsam haben: Sie sind liebevoll zusammengestellt, leicht nachzukochen und sie tragen dazu bei, die Symptome von Hashimoto zu lindern und das Wohlbefinden zu steigern.

Das Bewusstsein für eine gesunde Ernährung hat in den letzten Jahren enorm zugenommen und es wird immer deutlicher, dass es kaum einen besseren Weg gibt, unserem Körper Gutes zu tun, als durch eine bewusste Lebensmittelauswahl. Das Ziel dieses Buches ist es, dich auf deinem persönlichen Weg zu einem gesunden Lebensstil zu begleiten und dir zu zeigen, dass eine Ernährung, die auf Hashimoto abgestimmt ist, nicht bedeutet, dass du auf Genuss verzichten musst. Ganz im Gegenteil: Die Rezepte in diesem Buch beweisen, dass eine angepasste Ernährung und Genuss Hand in Hand gehen können.

Ich hoffe, dass du durch dieses Kochbuch die Freude am Entdecken und Ausprobieren neuer Rezepte findest. Denn am Ende des Tages geht es nicht nur darum, was wir essen, sondern auch darum, wie wir es zubereiten und genießen. Es ist die Leidenschaft, die Hingabe und die Liebe, die wir in die Zubereitung unserer Mahlzeiten stecken, die sie zu etwas Besonderem machen.

Nun wünsche ich dir viel Spaß beim Ausprobieren der Rezepte und beim Entdecken neuer Lieblingsgerichte. Möge dieses Buch dich auf deinem Weg zu einem gesunden und genussvollen Lebensstil begleiten.

Deine Carina Lehmann

Anmerkung zu den Rezepten

Du magst dich fragen, warum in diesem Kochbuch auf Bilder verzichtet wurde. Eine ungewöhnliche Wahl, das ist mir bewusst, denn wir leben in einer visuell stark orientierten Welt, in der ein Bild oft mehr als tausend Worte zu sagen scheint. Doch gerade im Kontext der Kulinarik glaube ich, dass diese bildlastige Herangehensweise uns manchmal die Möglichkeit nimmt, unsere eigene kreative Interpretation zu entwickeln und uns auf das Wesentliche zu konzentrieren: den Geschmack, die Aromen und die Freude am Kochen.

Stell dir vor, du blätterst durch ein Kochbuch, siehst ein wunderbares Foto eines Gerichts und denkst: „Das möchte ich kochen". Das Bild setzt eine Erwartung. Es formt eine Vorstellung davon, wie das Endergebnis aussehen sollte. Doch was passiert, wenn dein Gericht nicht genau so aussieht wie auf dem Bild? Fühlst du dich dann als hättest du versagt? Dabei geht es beim Kochen doch eigentlich um den Prozess, die Erfahrung und letztendlich den Geschmack – nicht um die Perfektion eines Food-Fotos.

In diesem Kochbuch fehlen die Bilder bewusst. Ohne Bilder bist du frei, dir eigene Vorstellungen zu machen, wie dein Gericht aussehen könnte. Du hast die Freiheit, zu experimentieren, zu variieren und dein eigenes, einzigartiges Gericht zu kreieren.

Zusätzlich lege ich großen Wert darauf, dass du das Kochen als kreativen Prozess erlebst. Jedes Gericht, das du zubereitest, ist Ausdruck deiner Persönlichkeit, deiner Vorlieben, deines Geschmacks. Ohne vorgefertigte Bilder bist du der Künstler, der sein eigenes Kunstwerk schafft – einzigartig und individuell.

In diesem Sinne lade ich dich ein, dich auf diese besondere kulinarische Reise einzulassen. Lass dich von deiner Vorstellungskraft und deinen Geschmacksknospen leiten, nicht von Hochglanzbildern. Ich bin sicher, du wirst dabei ganz neue Seiten des Kochens entdecken.

Frühstück

Kokos-Hafer-Porridge mit Beeren

Zubereitungszeit: 15 Minuten
Portionen: 1 Person

Zutaten:

- 50 g glutenfreie Haferflocken
- 200 ml Kokosmilch, ungesüßt
- 1 leicht unreife Banane, in Scheiben geschnitten
- 1 EL Kokosraspel
- 1 Prise Vanille
- 1 TL Zimt
- Eine kleine Handvoll frischer Beeren (z.B. Erdbeeren, Himbeeren, Blaubeeren)
- 1 EL Mandeln, grob gehackt
- 1 TL Chiasamen

Zubereitung:

1. In einem Topf die Kokosmilch erhitzen, aber nicht zum Kochen bringen.

2. Die Haferflocken, Zimt und Vanille hinzufügen und unter ständigem Rühren 5-7 Minuten köcheln lassen, bis die Mischung eindickt und die Haferflocken weich sind.

3. Während der Porridge köchelt, die unreife Banane in Scheiben schneiden.

4. Den fertigen Hafer-Porridge in eine Schale geben.

5. Mit den Bananenscheiben, den frischen Beeren, den Kokosraspeln, gehackten Mandeln und Chiasamen garnieren. Guten Appetit.

Chia-Pfirsich-Pudding

Zubereitungszeit: 15 Minuten inkl. 3 Stunden Einweichzeit
Portionen: 1 Person

Zutaten:

- 2 EL Chiasamen
- 1 mittelgroßer Pfirsich, gewürfelt
- 200 ml Hafermilch, ungesüßt
- 1 TL Vanille
- 1 TL Kokosraspel
- 1 EL Honig oder Ahornsirup
- 1 Handvoll Beeren (z.B. Erdbeeren oder Himbeeren)
- Eine Prise Zimt

Zubereitung:

1. Nimm eine Schüssel und gebe die Chiasamen hinein.
2. Füge die Hafermilch und Vanille hinzu und verrühre alles gut miteinander.
3. Lasse die Mischung für ca. 3 Stunden oder über Nacht im Kühlschrank quellen, bis ein Pudding-ähnlicher Zustand entsteht.
4. In der Zwischenzeit wasche den Pfirsich, entferne den Kern und würfle ihn.
5. Nach der Einweichzeit nimm die Schüssel aus dem Kühlschrank und füge den gewürfelten Pfirsich, die Kokosraspel und eine Prise Zimt hinzu.
6. Rühre alles gut durch und Süße mit Honig oder Ahornsirup nach deinem Geschmack.
7. Gib den Pudding in eine Schale oder ein Glas und garniere ihn mit den Beeren deiner Wahl.

Buchweizen-Pfannkuchen mit Himbeerpüree

Zubereitungszeit: 20 Minuten
Portionen: 1 Person

Zutaten:

- 100 g Buchweizenmehl
- 1 leicht unreife Banane, zerdrückt
- 1 Bio-Ei
- 125 ml Mandelmilch, ungesüßt
- 1 TL Kokosöl
- 1 Prise Salz
- 200 g Himbeeren, frisch
- 2 EL Walnüsse, grob gehackt
- 1 EL Kokosraspel
- Frischer Basilikum, zum Garnieren

Zubereitung:

1. In einer Schüssel das Buchweizenmehl mit der zerdrückten Banane, dem Ei und der Mandelmilch zu einem glatten Teig verrühren. Eine Prise Salz hinzufügen und alles gut vermengen.

2. Eine Pfanne auf mittlerer Hitze erwärmen und das Kokosöl darin schmelzen.

3. Pro Pfannkuchen etwa eine kleine Kelle des Teigs in die Pfanne geben und von beiden Seiten goldbraun ausbacken. Die Pfannkuchen auf einen Teller legen und warm halten.

4. Während die Pfannkuchen braten, die Himbeeren in einer separaten Schüssel mit einer Gabel zerdrücken, bis ein grobes Püree entsteht.

5. Die fertigen Pfannkuchen mit dem Himbeerpüree beträufeln.

6. Zum Schluss die gehackten Walnüsse und Kokosraspel über die Pfannkuchen streuen und mit frischem Basilikum garnieren.

Mandelmus-Aufstrich auf glutenfreiem Brot

Zubereitungszeit: 15 Minuten
Portionen: 1 Person

Zutaten:

- 2 Scheiben glutenfreies Brot
- 2 EL Mandelmus
- 5 Heidelbeeren, frisch
- 5 Erdbeeren, frisch und gewürfelt
- 1 leicht unreife Banane, in Scheiben geschnitten
- 1 TL Chiasamen
- 1 TL Kokosraspeln
- 1 TL Mandelöl
- Eine Prise Vanille

Zubereitung:

1. Toaste die glutenfreien Brotscheiben, bis sie leicht goldbraun sind.

2. Während das Brot toastet, mische das Mandelmus, Mandelöl und die Vanille in einer kleinen Schüssel, bis sie gut vermischt sind.

3. Streiche die Mandelmus-Mischung gleichmäßig auf die getoasteten Brotscheiben.

4. Verteile die Bananenscheiben gleichmäßig über das Brot.

5. Gib dann die gewürfelten Erdbeeren und Heidelbeeren darauf.

6. Zum Schluss streue Chiasamen und Kokosraspeln darüber.

Quinoa-Kokosmilch-Brei mit Kiwi

Zubereitungszeit: 20 Minuten
Portionen: 1 Person

Zutaten:

- 50 g Quinoa, gut abgespült
- 250 ml Kokosmilch, ungesüßt
- 1 Kiwi, geschält und in kleine Stücke geschnitten
- 1 EL Kokosraspel
- 1 TL Chiasamen
- Eine Prise Zimt
- 1 EL Mandeln, grob gehackt
- 1 EL Ahornsirup oder Honig zum Süßen (falls gewünscht)

Zubereitung:

1. Gib den gut abgespülten Quinoa zusammen mit der Kokosmilch in einen Topf und bringe alles zum Kochen.

2. Reduziere die Hitze und lasse den Quinoa für etwa 15 Minuten köcheln, bis er weich ist und die meiste Flüssigkeit aufgesogen hat. Gelegentlich umrühren, um ein Anbrennen zu verhindern.

3. Während der Quinoa köchelt, bereite die Kiwi vor und hacke die Mandeln grob.

4. Wenn der Quinoa gar ist, nimm den Topf vom Herd. Rühre die Chiasamen unter und lass den Brei noch 5 Minuten quellen.

5. Füge nun die Kiwistücke, die Kokosraspel und die Mandeln hinzu. Vermische alles gut.

6. Schmecke den Brei mit einer Prise Zimt und Ahornsirup oder Honig ab, falls du es etwas süßer magst.

Himbeer-Avocado-Smoothie

Zubereitungszeit: 5 Minuten
Portionen: 1 Person

Zutaten:

- 100 g Himbeeren, frisch oder tiefgefroren
- 1/2 reife Avocado, geschält und entkernt
- 150 ml Hafermilch, ungesüßt
- 1 EL Chiasamen
- 1 TL frischer Ingwer, gerieben
- Ein Spritzer Bio-Limettensaft
- Einige Blätter frischer Basilikum, nach Geschmack
- 1 EL Kokosraspel

Zubereitung:

1. Wasche die Himbeeren gründlich, falls sie frisch sind. Bei Verwendung von tiefgefrorenen Himbeeren diese kurz antauen lassen.

2. Die halbe Avocado öffnen, den Kern entfernen und das Fruchtfleisch mit einem Löffel herauslösen.

3. Himbeeren, Avocado, Hafermilch, Chiasamen und geriebenen Ingwer in einen Mixer geben.

4. Den Basilikum waschen, trocken schütteln und dazu geben. Nach Geschmack kannst du mehr oder weniger Basilikum verwenden.

5. Alles auf höchster Stufe mixen, bis eine glatte Konsistenz entsteht. Wenn der Smoothie zu dickflüssig ist, füge noch etwas Hafermilch hinzu.

6. Zum Schluss den Smoothie mit einem Spritzer Limettensaft abschmecken und in ein Glas füllen. Mit Kokosraspel bestreuen und genießen.

Apfel-Zimt-Porridge

Zubereitungszeit: 15 Minuten
Portionen: 1 Person

Zutaten:

- 50 g glutenfreie Haferflocken
- 1 mittelgroßer Apfel, gewürfelt
- 1 TL Zimt, gemahlen
- 1 EL Walnüsse, grob gehackt
- 250 ml Mandelmilch, ungesüßt
- 1 TL Kokosöl
- 1 EL Kokosraspel
- Eine Prise Vanille, gemahlen
- Frische Beeren (z.B. Heidelbeeren oder Erdbeeren) zum Garnieren

Zubereitung:

1. In einem kleinen Topf das Kokosöl erhitzen. Die gewürfelten Äpfel hinzufügen und bei mittlerer Hitze anbraten, bis sie leicht goldbraun sind.

2. Haferflocken und Zimt zu den Äpfeln hinzugeben und kurz mitbraten.

3. Die Mandelmilch und Vanille in den Topf geben und gut umrühren. Alles aufkochen lassen und dann die Hitze reduzieren.

4. Unter ständigem Rühren ca. 10 Minuten köcheln lassen, bis die Haferflocken weich sind und die Flüssigkeit fast vollständig aufgenommen haben.

5. Den Topf vom Herd nehmen und die Kokosraspel unterrühren.

6. Das Porridge in eine Schüssel geben, mit gehackten Walnüssen und frischen Beeren garnieren. Guten Appetit!

Frischer Beeren-Joghurt

Zubereitungszeit: 10 Minuten
Portionen: 1 Person

Zutaten:

- 150 ml Mandeljoghurt, un-gesüßt
- 50 g gemischte Beeren (Erd-beeren, Himbeeren, Heidel-beeren, Johannisbeeren)
- 1 TL Chiasamen
- 1 TL Sonnenblumenkerne
- 1 TL Hanfsamen
- 1/2 Bio-Zitrone, nur der Saft
- 1 TL frischer Basilikum, fein gehackt
- 1 Prise Zimt
- 1 EL Kokosraspel

Zubereitung:

1. Die Beeren sorgfältig waschen und gut abtropfen lassen. Größere Beeren, wie Erdbeeren, in kleinere Stücke schneiden.

2. Den Mandeljoghurt in eine Schüssel geben. Über den Joghurt den frisch gepressten Zitronensaft träufeln und vorsichtig unterrühren.

3. Nun die Beeren zum Joghurt hinzufügen und leicht unterheben.

4. Chiasamen, Sonnenblumenkerne und Hanfsamen über die Beeren-Joghurt-Mischung streuen.

5. Das Ganze mit einer Prise Zimt und dem fein gehackten Basilikum verfeinern.

6. Zum Schluss die Kokosraspel über den Joghurt streuen und alles gut vermengen.

Hirse-Porridge mit Rhabarber-Kompott

Zubereitungszeit: 20 Minuten
Portionen: 1 Person

Zutaten:

- 50 g Hirse, gut gespült
- 250 ml Mandelmilch, ungesüßt
- 1 Bio-Zitrone, Schale abgerieben
- 1/2 TL Vanille
- Eine Prise Zimt
- 1 EL Kokosraspel
- 2 Stangen Rhabarber, gewaschen und in kleine Stücke geschnitten
- 1 EL Walnüsse, grob gehackt
- 50 ml Wasser
- 1 TL Kokosöl

Zubereitung:

1. Gib die gespülte Hirse zusammen mit der Mandelmilch in einen kleinen Topf. Erhitze die Mischung langsam und lasse sie dann auf kleiner Flamme für etwa 15 Minuten köcheln, bis die Hirse weich ist und die Flüssigkeit aufgesogen hat.

2. Während die Hirse köchelt, bereite das Rhabarber-Kompott vor. In einem weiteren kleinen Topf das Kokosöl schmelzen und die Rhabarberstücke hinzufügen. Das Ganze mit Wasser bedecken und für etwa 10 Minuten leicht köcheln lassen, bis der Rhabarber weich ist und ein Kompott bildet.

3. Wenn die Hirse fertig gekocht hat, füge die Vanille, die abgeriebene Zitronenschale und den Zimt hinzu. Gut umrühren und vom Herd nehmen.

4. Serviere das Hirse-Porridge in einer Schüssel, gib das Rhabarber-Kompott darüber und bestreue das Ganze mit Kokosraspel und den gehackten Walnüssen. Guten Appetit!

Amaranth-Riegel mit Nüssen

Zubereitungszeit: 20 Minuten inkl. 1 Stunde Kühlzeit
Portionen: 1 Person

Zutaten:

- 60 g Amaranth
- 40 g gehackte Walnüsse
- 25 g Mandeln, grob gehackt
- 2 EL Chiasamen
- 50 ml Kokosmilch, ungesüßt
- 2 EL Kokosöl
- 1 EL Honig, je nach Vorliebe
- 1 TL Vanille
- Eine Prise Zimt
- Eine kleine Handvoll Beeren (z.B. Heidelbeeren, Himbeeren), gewaschen

Zubereitung:

1. Gib den Amaranth in eine mittelgroße Schüssel und füge die Walnüsse, Mandeln und Chiasamen hinzu. Mische alles gut durch.

2. In einem kleinen Topf erwärme die Kokosmilch zusammen mit dem Kokosöl, Vanille und Zimt auf mittlerer Hitze. Wenn du Honig möchtest, füge ihn jetzt hinzu. Rühre stetig, bis alles gut vermischt und leicht erwärmt ist.

3. Gieße die warme Kokosmilchmischung über die Amaranth-Nuss-Mischung und verrühre alles sorgfältig, sodass die trockenen Zutaten gut mit der Flüssigkeit bedeckt sind.

4. Füge die Beeren hinzu und rühre nochmals vorsichtig unter, damit sie sich gleichmäßig verteilen.

5. Lege eine kleine Backform oder eine Brotdose mit Backpapier aus. Verteile die Mischung gleichmäßig darauf und drücke sie fest.

6. Stelle die Form für mindestens 1 Stunde in den Kühlschrank, bis die Mischung fest geworden ist.

7. Nach dem Kühlen nimm die feste Amaranth-Masse aus der Form und schneide sie in Riegel. Fertig!

Eiermuffins mit Spinat und Huhn

Zubereitungszeit: 25 Minuten
Portionen: 1 Person

Zutaten:

- 2 Bio-Eier
- 50 g frischer Spinat, gewaschen und gehackt
- 70 g Hühnerfleisch, gewürfelt
- 1 EL natives Olivenöl extra
- 1 TL frischer Basilikum, gehackt
- 1 TL frischer Oregano, gehackt
- 2 EL Mandelmilch, ungesüßt
- Salz und Schwarzer Pfeffer nach Geschmack
- 1 TL Kokosmehl
- 1 EL Hanfsamen (optional)

Zubereitung:

1. Den Ofen auf 180 Grad vorheizen.

2. In einer Pfanne das Olivenöl erhitzen und den gehackten Spinat darin kurz anbraten, bis er zusammenfällt.

3. Das gewürfelte Hühnerfleisch zum Spinat in die Pfanne geben und kurz mitbraten. Mit Salz, Pfeffer, Basilikum und Oregano würzen. Vom Herd nehmen und beiseite stellen.

4. In einer Schüssel die Eier aufschlagen und mit der Mandelmilch verquirlen. Das Kokosmehl hinzufügen und gut verrühren, um Klumpen zu vermeiden.

5. Die Spinat-Hühnchen-Mischung und die Hanfsamen (falls verwendet) zu den Eiern geben und alles gut vermengen.

6. Eine Muffinform mit etwas Olivenöl einfetten und die Ei-Mischung gleichmäßig auf die Form verteilen.

7. Im vorgeheizten Ofen für ca. 15-18 Minuten backen, bis die Muffins fest und goldbraun sind.

8. Die Eiermuffins aus dem Ofen nehmen und kurz abkühlen lassen. Dann vorsichtig aus der Form nehmen.

Avocado-Ei-Bowl

Zubereitungszeit: 15 Minuten
Portionen: 1 Person

Zutaten:

- 1 reife Avocado, halbiert und entkernt
- 2 Bio-Eier
- 1 Handvoll Spinat, gewaschen und grob gehackt
- 2 EL Walnüsse, grob gehackt
- 1 kleine Karotte, gewaschen und in feine Streifen geschnitten
- 1 TL Hanfsamen
- 2 TL Kokosöl
- Salz, Schwarzer Pfeffer und Kurkuma nach Geschmack

Zubereitung:

1. Erhitze 1 TL Kokosöl in einer Pfanne auf mittlerer Hitze. Füge den Spinat hinzu und dünste ihn, bis er leicht welk ist. Würze mit Salz und Pfeffer. Gib den Spinat in die Bowl.

2. Im selben Öl brate die Karottenstreifen für 2-3 Minuten, bis sie leicht goldbraun und weich sind. Zu dem Spinat in die Bowl geben.

3. Erhitze den restlichen TL Kokosöl in der Pfanne. Schlage die Eier vorsichtig auf und gebe sie in die Pfanne. Würze mit Salz, Pfeffer und einer Prise Kurkuma. Lass sie als Spiegeleier braten oder rühre sie für Rühreier.

4. Während die Eier garen, schneide die Avocado in Scheiben oder Würfel, je nach Vorliebe.

5. Sobald die Eier fertig sind, füge sie der Bowl hinzu.

6. Garniere die Bowl mit Avocado, gehackten Walnüssen und Hanfsamen.

Buchweizen-Pfirsich-Müsli

Zubereitungszeit: 15 Minuten
Portionen: 1 Person

Zutaten:

- 50 g Buchweizen, über Nacht eingeweicht
- 1 frischer Pfirsich, gewaschen und gewürfelt
- 10 Heidelbeeren, gewaschen
- 10 g Kokosraspel
- 5 g Chiasamen
- 1 EL Walnüsse, grob gehackt
- 150 ml Mandelmilch, ungesüßt
- 1 TL Honig
- Eine Prise Vanille
- Eine Prise Zimt

Zubereitung:

1. Gieße den eingeweichten Buchweizen in ein Sieb und spüle ihn gründlich unter fließendem Wasser ab, um die Schleimschicht zu entfernen.

2. In einer Schüssel den Buchweizen, die Pfirsichwürfel, Heidelbeeren, Kokosraspel und Chiasamen vermischen.

3. Über das Müsli die Mandelmilch gießen. Das Ganze leicht umrühren, damit sich alle Zutaten gut vermischen.

4. Die Walnüsse darüber streuen und mit einer Prise Vanille und Zimt abschmecken.

5. Wenn du es gerne etwas süßer magst, kannst du noch einen TL Honig darüber träufeln.

Kokos-Chia-Pudding mit Apfel

Zubereitungszeit: 15 Minuten inkl. 2 Stunden Kühlzeit
Portionen: 1 Person

Zutaten:

- 1 Apfel, gewaschen und gewürfelt
- 2 EL Chiasamen
- 200 ml Kokosmilch, ungesüßt
- 1 TL Zimt
- 1 EL Kokosraspel
- 1 EL gehackte Walnüsse
- Ein Spritzer frischer Bio-Zitronensaft
- Ein kleiner Schuss Vanilleextrakt

Zubereitung:

1. In einer Schüssel die Chiasamen, Kokosmilch, Zimt und Vanilleextrakt gut vermengen.

2. Die Mischung abdecken und für mindestens 2 Stunden oder über Nacht in den Kühlschrank stellen, bis eine puddingähnliche Konsistenz erreicht ist.

3. Während der Pudding fest wird, den Apfel waschen, entkernen und in kleine Würfel schneiden. Den Apfel mit einem Spritzer Zitronensaft beträufeln, um das Braunwerden zu verhindern.

4. Den gekühlten Chia-Pudding aus dem Kühlschrank nehmen und gut umrühren.

5. Den Pudding in eine Schüssel oder ein Glas füllen, die Apfelwürfel und Kokosraspel darüberstreuen und mit den gehackten Walnüssen garnieren.

Quinoa-Himbeer-Schale

Zubereitungszeit: 25 Minuten
Portionen: 1 Person

Zutaten:

- 50 g Quinoa, gut gewaschen
- 200 ml Wasser
- 100 g frische Himbeeren, gewaschen
- 1 EL Chiasamen
- 1 EL Kokosraspel
- 5 Erdbeeren, gewaschen und in Scheiben geschnitten
- 1 EL Mandeln, grob gehackt
- 150 ml Kokosmilch, ungesüßt
- 1 TL Vanille
- 1 TL frischer Ingwer, gerieben
- 1 EL frischer Zitronensaft von einer Bio-Zitrone
- 1 TL Honig (optional)

Zubereitung:

1. Gib Quinoa und Wasser in einen Topf. Bring das Wasser zum Kochen und lass den Quinoa bei niedriger Hitze etwa 15 Minuten köcheln, bis er weich ist und das Wasser absorbiert hat. Vom Herd nehmen und etwas abkühlen lassen.

2. Während der Quinoa köchelt, mische in einer kleinen Schüssel Chiasamen mit 50 ml Kokosmilch. Stelle es beiseite, sodass die Chiasamen aufquellen können.

3. In einer anderen Schüssel vermischt du die restliche Kokosmilch mit Vanille, geriebenem Ingwer und Zitronensaft. Wenn du es etwas süßer magst, kannst du einen Teelöffel Honig hinzufügen und gut umrühren.

4. Sobald der Quinoa abgekühlt ist, gibst du ihn in deine Frühstücksschale. Füge die Kokosmilch-Mischung hinzu und rühre leicht um.

5. Dekoriere deine Schale nun mit den frischen Himbeeren, Erdbeerscheiben, dem Chia-Pudding, Kokosraspeln und den gehackten Mandeln. Guten Appetit.

Suppen

Hühnersuppe mit Quinoa

Zubereitungszeit: 35 Minuten
Portionen: 1 Person

Zutaten:

- 200 g Hühnerbrust, in Würfel geschnitten
- 70 g Quinoa, gut gespült
- 1 kleine Karotte, gewürfelt
- 1/2 Zucchini, gewürfelt
- 3-4 frische Champignons, in Scheiben geschnitten
- 1 EL natives Olivenöl extra
- 1,5 Liter Wasser
- 1 TL frischer Ingwer, gerieben
- 1 Bio-Zitrone, Saft und etwas Schale
- 2 EL frischer Basilikum, gehackt
- Salz und schwarzer Pfeffer nach Geschmack

Zubereitung:

1. In einem großen Topf das Olivenöl erhitzen. Die Hühnerbrustwürfel darin von allen Seiten anbraten, bis sie leicht goldbraun sind.

2. Die Karotten, Zucchini und Champignons hinzufügen und einige Minuten dünsten, bis sie weich, aber noch bissfest sind.

3. Quinoa hinzugeben und kurz mit den Gemüsen und dem Hühnchen anschwitzen.

4. Mit Wasser aufgießen und zum Kochen bringen. Den geriebenen Ingwer hinzufügen.

5. Die Suppe 20 Minuten leicht köcheln lassen, bis das Hühnchen durchgegart und der Quinoa weich ist.

6. Mit Zitronensaft, Zitronenschale, Salz und Pfeffer abschmecken.

7. Kurz vor dem Servieren den frischen Basilikum unterrühren. Guten Appetit.

Brokkoli-Kokos-Suppe

Zubereitungszeit: 20 Minuten
Portionen: 1 Person

Zutaten:

- 200 g Brokkoli, gewaschen und in kleine Röschen geschnitten
- 200 ml Kokosmilch, ungesüßt
- 1 kleines Stück Ingwer (etwa 2 cm), geschält und fein gehackt
- 1 EL Kokosöl
- 1 Bio-Zitrone, Schale abgerieben und Saft ausgepresst
- 1 EL Sonnenblumenkerne
- 1 EL Hanfsamen
- Salz und schwarzer Pfeffer nach Geschmack
- Frische Petersilie, gewaschen und grob gehackt (zum Garnieren)

Zubereitung:

1. Erhitze das Kokosöl in einem mittelgroßen Topf auf mittlerer Stufe. Gib den fein gehackten Ingwer hinzu und dünste ihn für etwa 1 Minute an, bis er duftet.

2. Füge die Brokkoli-Röschen hinzu und rühre gut um. Lass sie für 3-4 Minuten dünsten, sodass sie ihre Farbe verstärken und etwas weicher werden.

3. Gieße die Kokosmilch über den Brokkoli und bringe die Suppe zum Kochen. Reduziere dann die Hitze und lass sie für 10 Minuten köcheln oder bis der Brokkoli weich ist.

4. Während die Suppe köchelt, röste in einer kleinen Pfanne ohne Öl die Sonnenblumenkerne und Hanfsamen, bis sie leicht goldbraun sind. Achte darauf, dass sie nicht verbrennen. Setze sie beiseite.

5. Sobald der Brokkoli weich ist, nimm den Topf vom Herd. Verwende einen Stabmixer, um die Suppe zu pürieren, bis sie cremig ist. Je nach gewünschter Konsistenz kannst du etwas Wasser hinzufügen.

6. Füge den Zitronensaft und die Zitronenschale hinzu und würze mit Salz und Pfeffer.

7. Gieße die Suppe in eine Schüssel und garniere sie mit den gerösteten Sonnenblumenkernen, Hanfsamen und frischer Petersilie.

Kürbis-Möhren-Cremesuppe

Zubereitungszeit: 30 Minuten
Portionen: 1 Person

Zutaten:

- 200 g Hokkaido-Kürbis, entkernt und gewürfelt
- 100 g Möhren, geschält und gewürfelt
- 1 kleine Zwiebel, fein gehackt (Nur in geringen Mengen erlaubt, abhängig von individueller Verträglichkeit)
- 1 EL Kokosöl
- 1 Knoblauchzehe, fein gehackt
- 500 ml Wasser
- 50 ml ungesüßte Kokosmilch
- 1 TL frischer Ingwer, gerieben
- 1 TL Kurkuma, gemahlen
- 1/4 TL schwarzer Pfeffer
- Salz nach Geschmack
- 1 EL frischer Koriander, gehackt (optional)

Zubereitung:

1. Erhitze das Kokosöl in einem Topf auf mittlerer Flamme. Füge die Zwiebeln hinzu und dünste sie, bis sie glasig sind.

2. Gib den Knoblauch, den Ingwer und die Möhren dazu. Alles unter ständigem Rühren 2-3 Minuten anbraten.

3. Den Kürbis dazugeben und alles gut vermengen. Kurkuma, Salz und Pfeffer darüber streuen und gut umrühren.

4. Das Wasser zugießen und die Suppe zum Kochen bringen. Reduziere die Hitze und lasse die Suppe 20 Minuten köcheln oder bis das Gemüse weich ist.

5. Wenn das Gemüse gar ist, nimm den Topf vom Herd. Püriere die Suppe mit einem Stabmixer oder in einem Standmixer, bis sie cremig ist.

6. Stelle den Topf wieder auf den Herd und füge die Kokosmilch hinzu. Unter ständigem Rühren erhitzen, bis die Suppe gut durchgewärmt ist.

7. Schmecke die Suppe ab und füge bei Bedarf mehr Salz oder Pfeffer hinzu. Danach die Suppe in eine Schale geben und bei Bedarf mit frischem Koriander garnieren.

Champignon-Kokos-Suppe

Zubereitungszeit: 25 Minuten
Portionen: 1 Person

Zutaten:

- 150 g frische Champignons, gewaschen und in Scheiben geschnitten
- 250 ml Kokosmilch, ungesüßt
- 1 kleine Karotte, gewürfelt
- 1 kleiner Brokkoli, in kleine Röschen geteilt
- 1 TL frischer Ingwer, fein gehackt
- 1 TL Kokosöl
- 1 TL Kurkuma, gemahlen
- 1 Prise Schwarzer Pfeffer
- 250 ml Wasser
- 1 EL frischer Zitronensaft von einer Bio-Zitrone
- Salz nach Geschmack
- 1 EL frischer Koriander, gehackt (zum Garnieren)

Zubereitung:

1. In einem mittelgroßen Topf das Kokosöl erhitzen. Den fein gehackten Ingwer hinzugeben und kurz anbraten.

2. Die geschnittenen Champignons hinzufügen und weiter anbraten, bis sie leicht goldbraun sind.

3. Karotten und Brokkoli hinzufügen und für etwa 3 Minuten dünsten, bis sie leicht weich werden.

4. Mit Kurkuma, schwarzem Pfeffer und etwas Salz würzen und gut umrühren.

5. Das Wasser und die Kokosmilch hinzugeben. Den Herd auf mittlere Stufe stellen und die Suppe zum Kochen bringen.

6. Wenn die Suppe kocht, die Hitze reduzieren und alles für etwa 10-15 Minuten köcheln lassen, bis das Gemüse vollständig weich ist.

7. Den Topf vom Herd nehmen und den Zitronensaft hinzufügen.

8. Die Suppe in eine Schüssel gießen und mit frischem Koriander garnieren.

Spargel-Spinat-Suppe

Zubereitungszeit: 25 Minuten
Portionen: 1 Person

Zutaten:

- 150 g frischer Spargel, geschält und in Stücke geschnitten
- 100 g frischer Spinat, gewaschen und grob gehackt
- 1 kleine Karotte, geschält und in kleine Würfel geschnitten
- 1 kleine Zwiebel, gewürfelt (Nur in geringen Mengen erlaubt, abhängig von individueller Verträglichkeit)
- 1 EL Kokosöl
- 300 ml Wasser
- 1 EL Mandelmus
- 1 TL frisch geriebener Ingwer
- 1 Prise frischer Kurkuma, gerieben
- Salz und schwarzer Pfeffer nach Geschmack
- 1 EL frisch gehackte Petersilie zum Garnieren
- 1 TL Hanfsamen zum Garnieren

Zubereitung:

1. Erhitze das Kokosöl in einem Topf und dünste die Zwiebelwürfel darin an, bis sie glasig sind.

2. Gib die Karottenwürfel hinzu und brate sie für weitere 2-3 Minuten mit an.

3. Füge den Spargel hinzu und lasse ihn für 5 Minuten mitdünsten.

4. Gieße nun das Wasser hinzu und lasse alles auf kleiner bis mittlerer Flamme für ca. 10 Minuten köcheln, bis der Spargel und die Karotten weich sind.

5. Füge den Spinat, den Ingwer und den Kurkuma hinzu und lasse die Suppe weitere 2 Minuten köcheln.

6. Nimm den Topf vom Herd und püriere die Suppe mit einem Stabmixer, bis sie cremig ist.

7. Würze mit Salz und Pfeffer nach Geschmack und rühre das Mandelmus unter. Garniere die Suppe zum Schluss mit der frisch gehackten Petersilie und den Hanfsamen. Guten Appetit!

Wirsing-Eintopf mit Wildfleisch

Zubereitungszeit: 40 Minuten
Portionen: 1 Person

Zutaten:

- 150 g Wildfleisch (z.B. Reh oder Hase), in Würfel geschnitten
- 1 mittelgroßer Wirsingkohl, gewaschen und in Streifen geschnitten
- 1 mittelgroße Möhre, gewaschen und in Scheiben geschnitten
- 1/2 mittelgroße Pastinake, gewaschen und in Scheiben geschnitten
- 1/2 Zucchini, gewaschen und in Würfel geschnitten
- 2 EL Kokosöl
- 500 ml Wasser
- 1 TL frisch gehackter Ingwer
- 1 TL Kurkuma
- 1 TL Rosmarin
- 1 TL Thymian
- Salz und schwarzer Pfeffer nach Geschmack

Zubereitung:

1. In einem großen Topf das Kokosöl erhitzen und die Wildfleischwürfel darin scharf anbraten, bis sie rundum braun sind.

2. Die Möhren- und Pastinakenscheiben hinzufügen und für weitere 2-3 Minuten anbraten, bis sie leicht gebräunt sind.

3. Jetzt den Wirsing und die Zucchini hinzufügen und alles gut vermengen. Den Ingwer, Kurkuma, Rosmarin und Thymian darüberstreuen und kurz mitanbraten.

4. Mit dem Wasser ablöschen und alles zum Kochen bringen. Die Hitze reduzieren und den Eintopf 20-25 Minuten köcheln lassen, bis das Fleisch zart und das Gemüse weich ist.

5. Mit Salz und Pfeffer abschmecken und servieren.

Pastinaken-Kokos-Suppe

Zubereitungszeit: 30 Minuten
Portionen: 1 Person

Zutaten:

- 1 mittelgroße Pastinake, gewaschen, geschält und gewürfelt
- 200 ml Kokosmilch, ungesüßt
- 100 ml Wasser
- 1 TL Kokosöl
- 1 kleine Knoblauchzehe, fein gehackt
- 1 TL frischer Ingwer, fein gehackt
- 1/2 TL Kurkuma
- 1 EL frischer Zitronensaft von einer Bio-Zitrone
- 1 EL frische Petersilie, gehackt
- Eine Prise Salz und schwarzer Pfeffer zum Abschmecken

Zubereitung:

1. In einem kleinen Topf das Kokosöl erhitzen. Den gehackten Knoblauch und Ingwer hinzufügen und für etwa 1 Minute anbraten, bis sie duftend sind.

2. Die gewürfelte Pastinake zum Topf geben und unter gelegentlichem Rühren für etwa 5 Minuten anbraten.

3. Wasser, Kokosmilch und Kurkuma hinzufügen. Alles zum Kochen bringen, dann die Hitze reduzieren und 15-20 Minuten köcheln lassen, bis die Pastinaken weich sind.

4. Die Suppe vom Herd nehmen und mit einem Stabmixer oder in einem Standmixer pürieren, bis sie cremig ist. Achte darauf, dass keine Klumpen mehr vorhanden sind.

5. Die Suppe zurück in den Topf geben und erneut erwärmen. Den frischen Zitronensaft und die gehackte Petersilie unterrühren. Mit Salz und Pfeffer abschmecken.

Rote-Beete-Kokos-Suppe

Zubereitungszeit: 25 Minuten
Portionen: 1 Person

Zutaten:

- 1 mittelgroße Rote Beete, gewürfelt
- 200 ml Kokosmilch, ungesüßt
- 1 kleiner Apfel, geschält und gewürfelt
- 1 TL frischer Ingwer, fein gehackt
- 1 EL natives Olivenöl extra
- 1 TL frischer Rosmarin, fein gehackt
- Salz und schwarzer Pfeffer nach Geschmack
- 1 EL frischer Bio-Zitronensaft
- Einige frische Beeren (Himbeeren, Heidelbeeren) zum Garnieren
- Einige Mandeln, grob gehackt, für die Garnierung

Zubereitung:

1. In einem Topf das Olivenöl erhitzen und den frischen Ingwer darin leicht anbraten.
2. Die gewürfelte Rote Beete und den Apfel hinzufügen und 3-4 Minuten dünsten, bis die Rote Beete etwas weicher geworden ist.
3. Die Kokosmilch hinzufügen und zum Kochen bringen.
4. Die Hitze reduzieren und die Suppe 10 Minuten köcheln lassen, bis die Rote Beete und der Apfel weich sind.
5. Den Rosmarin hinzufügen und mit Salz und Pfeffer abschmecken.
6. Vom Herd nehmen und mit einem Stabmixer oder in einem Standmixer pürieren, bis die Suppe eine glatte Konsistenz hat.
7. Die Suppe zurück in den Topf geben und erneut erhitzen.
8. Den frischen Zitronensaft unterrühren und abschmecken.
9. Die Suppe in eine Schüssel geben, mit Beeren und gehackten Mandeln garnieren. Guten Appetit!

Grünkohl-Puten-Suppe

Zubereitungszeit: 30 Minuten
Portionen: 1 Person

Zutaten:

- 150 g Putenbrust, in Würfeln
- 200 g Grünkohl, gewaschen und gehackt
- 1 kleine Karotte, gewürfelt
- 1 kleine Pastinake, gewürfelt
- 1 EL Kokosöl
- 1 Knoblauchzehe, fein gehackt
- 750 ml Wasser
- 1 TL frischer Ingwer, gerieben
- 1 EL frischer Thymian, gehackt
- Salz und schwarzer Pfeffer zum Abschmecken

Zubereitung:

1. In einem Topf das Kokosöl erhitzen. Die Putenwürfel darin von allen Seiten anbraten, bis sie goldbraun sind. Dann aus dem Topf nehmen und beiseite stellen.
2. Im selben Topf den Knoblauch und den Ingwer kurz anbraten, bis sie duften.
3. Karotte und Pastinake dazugeben und für etwa 5 Minuten anbraten, bis sie leicht weich werden.
4. Den Grünkohl hinzufügen und kurz mit den anderen Zutaten anbraten.
5. Die Putenwürfel wieder in den Topf geben.
6. Mit Wasser aufgießen, den Thymian hinzufügen und zum Kochen bringen.
7. Die Hitze reduzieren und die Suppe 20 Minuten köcheln lassen, bis alle Zutaten gut durchgekocht sind.
8. Mit Salz und Pfeffer abschmecken.

Rucola-Kürbis-Suppe

Zubereitungszeit: 30 Minuten
Portionen: 1 Person

Zutaten:

- 200 g Kürbis, gewürfelt
- 40 g Rucola, gewaschen und grob gehackt
- 1 EL natives Olivenöl extra
- 1 kleine Karotte, gewürfelt
- 1 Knoblauchzehe, fein gehackt
- 1 TL frischer Ingwer, gerieben
- 200 ml ungesüßte Mandelmilch
- 150 ml Wasser
- 1/2 TL Kurkuma, gemahlen
- 1 TL Salbei, frisch und gehackt
- Salz und schwarzer Pfeffer nach Geschmack
- 1 EL Sonnenblumenkerne zum Garnieren

Zubereitung:

1. Erhitze das Olivenöl in einem Topf über mittlerer Hitze. Gib den Knoblauch und den Ingwer hinzu und dünste beides kurz an, bis sie duftend sind.

2. Füge die gewürfelte Karotte und den Kürbis hinzu. Dünste das Gemüse weitere 5 Minuten, bis es leicht gebräunt und etwas weicher geworden ist.

3. Gieße die Mandelmilch und das Wasser hinzu und bringe die Suppe zum Kochen. Reduziere die Hitze und lasse sie 15-20 Minuten leicht köcheln, bis das Gemüse weich ist.

4. Füge den Rucola, Kurkuma und Salbei zur Suppe hinzu. Lasse alles noch weitere 2-3 Minuten köcheln.

5. Nimm den Topf vom Herd und püriere die Suppe mit einem Stabmixer, bis sie glatt und cremig ist. Falls die Suppe zu dickflüssig ist, kannst du noch etwas Wasser oder Mandelmilch hinzufügen, bis die gewünschte Konsistenz erreicht ist.

6. Schmecke die Suppe mit Salz und Pfeffer ab und erwärme sie nochmals kurz.

7. Serviere die Suppe und garniere sie mit den Sonnenblumenkernen.

Fenchel-Karotten-Suppe

Zubereitungszeit: 25 Minuten
Portionen: 1 Person

Zutaten:

- 1 Fenchelknolle, gewaschen und grob gewürfelt
- 2 Karotten, geschält und in Scheiben geschnitten
- 1 kleine Zwiebel, fein gewürfelt (Nur in geringen Mengen erlaubt, abhängig von individueller Verträglichkeit)
- 2 EL natives Olivenöl extra
- 400 ml Wasser
- 1 TL frischer Ingwer, gerieben
- 1 EL frischer Zitronensaft von einer Bio-Zitrone
- 1 TL frischer Rosmarin, gehackt
- Salz und schwarzer Pfeffer zum Abschmecken
- 1 EL Mandelmus (optional)

Zubereitung:

1. In einem Topf das Olivenöl erhitzen und die Zwiebeln darin glasig anbraten.
2. Fenchel und Karotten hinzufügen und für etwa 5 Minuten anbraten, bis sie etwas weich geworden sind.
3. Mit Wasser aufgießen und den Ingwer sowie den Rosmarin hinzufügen.
4. Die Suppe zum Kochen bringen und auf mittlerer Stufe etwa 15 Minuten köcheln lassen, bis Fenchel und Karotten weich sind.
5. Mit einem Pürierstab oder in einem Mixer die Suppe fein pürieren. Falls du es cremiger magst, kannst du jetzt das Mandelmus hinzufügen und erneut pürieren.
6. Den Zitronensaft hinzugeben und mit Salz und Pfeffer abschmecken.
7. In eine Schüssel gießen und servieren.

Gemüsesuppe mit Ingwer und Hühnchen

Zubereitungszeit: 25 Minuten
Portionen: 1 Person

Zutaten:

- 150 g Hühnerbrust, in kleine Würfel geschnitten
- 2 EL natives Olivenöl extra
- 1 Karotte, gewürfelt
- 1 kleiner Brokkoli, in Röschen geteilt
- 50 g grüne Bohnen, in 2 cm Stücke geschnitten
- 1 kleiner Kohlrabi, gewürfelt
- 1 Stück Ingwer (ca. 3 cm), fein gehackt
- 1 Bio-Zitrone, Abrieb und Saft
- 2 TL frischer Thymian, fein gehackt
- 800 ml Wasser
- Salz und schwarzer Pfeffer nach Geschmack
- 2 TL Kokosöl

Zubereitung:

1. In einem mittelgroßen Topf das Olivenöl erhitzen. Die Hühnerbrustwürfel darin anbraten, bis sie leicht goldbraun sind. Aus dem Topf nehmen und beiseite stellen.

2. Kokosöl in den Topf geben und den gehackten Ingwer darin leicht anschwitzen. Dann die gewürfelte Karotte, Kohlrabi und grüne Bohnen hinzufügen und für etwa 3-4 Minuten dünsten.

3. Den Brokkoli und Hühnerbrustwürfel zurück in den Topf geben. Mit Wasser aufgießen, so dass das Gemüse vollständig bedeckt ist.

4. Die Suppe zum Kochen bringen und dann die Hitze reduzieren. Lass alles 10-12 Minuten köcheln, bis das Gemüse weich ist, aber noch Biss hat.

5. Mit Salz, Pfeffer, frischem Thymian, Zitronenabrieb und -saft abschmecken.

Spinat-Sellerie-Suppe

Zubereitungszeit: 25 Minuten
Portionen: 1 Person

Zutaten:

- 200 g frischer Spinat, gewaschen und grob gehackt
- 100 g Wurzelsellerie, geschält und in Würfel geschnitten
- 1 kleine Karotte, geschält und in Würfel geschnitten
- 1 kleiner Apfel, geschält, entkernt und in Würfel geschnitten
- 1 kleine Knoblauchzehe, fein gehackt
- 500 ml Wasser
- 1 EL Kokosöl
- 1 EL Hanfsamen
- 1 TL frischer Ingwer, gerieben
- 1/2 TL Kurkuma, gemahlen
- 1/2 TL Schwarzer Pfeffer, gemahlen
- 1/2 TL Salz
- Einige frische Basilikumblätter zum Garnieren
- 2 EL Mandelmilch, ungesüßt

Zubereitung:

1. Das Kokosöl in einem Topf erhitzen. Die Selleriewürfel, Karottenwürfel und den Knoblauch darin etwa 3 Minuten anschwitzen.
2. Den gewaschenen Spinat hinzufügen und weiter braten, bis er zusammenfällt.
3. Apfelwürfel und geriebenen Ingwer hinzufügen und alles gut umrühren.
4. Mit Wasser ablöschen. Kurkuma, Schwarzen Pfeffer und Salz hinzufügen.
5. Alles etwa 15 Minuten bei mittlerer Hitze köcheln lassen, bis der Sellerie und die Karotte weich sind.
6. Den Topf vom Herd nehmen und die Suppe mit einem Stabmixer pürieren, bis sie eine glatte Konsistenz hat.
7. Die Suppe zurück auf den Herd stellen und auf die gewünschte Temperatur erhitzen.
8. In eine Schüssel füllen, mit einem Esslöffel Mandelmilch garnieren und Hanfsamen und Basilikumblätter darüber streuen.

Rosenkohl-Cremesuppe

Zubereitungszeit: 30 Minuten
Portionen: 1 Person

Zutaten:

- 150 g Rosenkohl, geputzt und halbiert
- 1 kleine Karotte, geschält und gewürfelt
- 1 Knoblauchzehe, fein gehackt
- 400 ml Wasser
- 2 EL Kokosöl
- 100 ml ungesüßte Mandelmilch
- 1 EL frischer Ingwer, gerieben
- 1 TL Kurkuma
- Salz und schwarzer Pfeffer, nach Geschmack
- 1 EL frischer Basilikum, fein gehackt (zum Garnieren)
- 1 EL Sonnenblumenkerne (zum Garnieren)

Zubereitung:

1. Erhitze in einem Topf das Kokosöl und sautiere den Knoblauch darin, bis er duftend ist.

2. Füge den Rosenkohl und die Karottenwürfel hinzu. Brate sie für etwa 5 Minuten an, bis sie leicht goldbraun sind.

3. Gib den geriebenen Ingwer und die Kurkuma hinzu. Mische alles gut durch.

4. Gieße das Wasser hinzu und bringe die Mischung zum Kochen. Reduziere dann die Hitze und lasse alles für etwa 15-20 Minuten köcheln, bis der Rosenkohl und die Karotten weich sind.

5. Püriere die Suppe mit einem Stabmixer, bis sie eine cremige Konsistenz hat.

6. Rühre die Mandelmilch unter und erhitze die Suppe noch einmal kurz. Schmecke mit Salz und schwarzem Pfeffer ab.

7. Serviere die Suppe in einer Schale und garniere sie mit frisch gehacktem Basilikum und Sonnenblumenkernen.

Mangold-Hühnersuppe

Zubereitungszeit: 35 Minuten
Portionen: 1 Person

Zutaten:

- 150 g Hühnerbrust (ohne Haut und Knochen)
- 200 g Mangold, gewaschen und grob gehackt
- 1 kleine Karotte, gewürfelt
- 1/2 Zucchini, gewürfelt
- 1 kleine Knoblauchzehe, fein gehackt
- 1 EL natives Olivenöl extra
- 1 TL frisch geriebener Ingwer
- 500 ml Wasser
- 1 Bio-Zitrone, Saft und Abrieb
- Salz und schwarzer Pfeffer zum Abschmecken
- 1 EL frischer Basilikum, gehackt
- 1 EL frischer Koriander, gehackt
- 1 TL Kokosmilch, ungesüßt (optional)

Zubereitung:

1. In einem Topf das Olivenöl erhitzen und den Knoblauch sowie den Ingwer darin kurz anbraten, bis sie duftend sind.

2. Die Hühnerbrust hinzufügen und von beiden Seiten goldbraun anbraten.

3. Karotte und Zucchini beigeben und weitere 5 Minuten dünsten, bis das Gemüse leicht weich wird.

4. Wasser in den Topf gießen, zum Kochen bringen und dann die Hitze reduzieren. Das Hühnchen 20 Minuten köcheln lassen, bis es durchgekocht ist.

5. Mangold hinzufügen und weitere 5 Minuten kochen lassen, bis er welk ist.

6. Mit Zitronensaft, -abrieb, Salz und Pfeffer abschmecken.

7. Falls gewünscht, einen Teelöffel Kokosmilch einrühren, um der Suppe eine leicht cremige Konsistenz zu verleihen.

8. Die Suppe in eine Schüssel geben und mit frischem Basilikum und Koriander garnieren.

Salate

Rucola-Beeren-Salat mit Pinienkernen

Zubereitungszeit: 15 Minuten
Portionen: 1 Person

Zutaten:

- 60 g frischer Rucola, gewaschen und getrocknet
- 40 g gemischte Beeren (Himbeeren, Erdbeeren, Heidelbeeren und Brombeeren), gewaschen und geviertelt
- 15 g Pinienkerne, leicht geröstet
- 1 EL natives Olivenöl extra
- 1 TL frischer Zitronensaft von einer Bio-Zitrone
- 1 TL frisch gehackter Basilikum
- Eine Prise Schwarzer Pfeffer
- Eine Prise Meersalz
- 10 g frisch geriebene Karotte
- 5 g Kokosraspel

Zubereitung:

1. Nimm eine große Salatschüssel und lege den gewaschenen Rucola hinein.

2. Gib die gemischten Beeren und die geriebene Karotte dazu.

3. In einer kleinen Schüssel vermischst du Olivenöl, Zitronensaft, gehackten Basilikum, Salz und Pfeffer miteinander, um ein Dressing zu erhalten.

4. Gieße das Dressing über den Salat und vermische alles vorsichtig, sodass der Rucola und die Beeren gut mit dem Dressing benetzt sind.

5. Bestreue den Salat mit den leicht gerösteten Pinienkernen und den Kokosraspeln.

Avocado-Gurken-Salat

Zubereitungszeit: 15 Minuten
Portionen: 1 Person

Zutaten:

- 1 reife Avocado, halbiert und in Würfel geschnitten
- 1 mittelgroße Gurke, gewaschen und in Scheiben geschnitten
- 7-8 Kirschtomaten, halbiert (Nur in geringen Mengen erlaubt, abhängig von individueller Verträglichkeit)
- 1 EL Hanfsamen
- 1 EL Sonnenblumenkerne
- 2 TL frischer Bio-Zitronensaft
- 1 EL natives Olivenöl extra
- 1 TL frisch gehackter Dill
- 1 TL frisch gehackte Petersilie
- Salz und schwarzer Pfeffer nach Geschmack

Zubereitung:

1. Nimm eine große Schüssel und füge die gewürfelte Avocado, die geschnittenen Gurken und die halbierten Kirschtomaten hinzu.

2. In einer kleinen Schüssel oder Tasse den Zitronensaft mit dem Olivenöl vermengen und gut verrühren.

3. Das Dressing über die Avocado-Gurken-Mischung geben und vorsichtig unterheben, sodass alles gut vermischt ist.

4. Hanfsamen und Sonnenblumenkerne darüberstreuen.

5. Mit Dill und Petersilie garnieren und nach Belieben mit Salz und Pfeffer abschmecken.

Mairüben-Kiwi-Salat

Zubereitungszeit: 15 Minuten
Portionen: 1 Person

Zutaten:

- 1 Mairübe, gewaschen und in dünne Scheiben geschnitten
- 1 Kiwi, geschält und in Scheiben geschnitten
- 1 Handvoll Feldsalat, gewaschen und abgetropft
- 50 g Blaubeeren
- 1 EL Sonnenblumenkerne, geröstet
- 2 EL natives Olivenöl extra
- Saft einer halben Bio-Zitrone
- Salz und schwarzer Pfeffer nach Geschmack
- 1 TL frisch gehackter Basilikum
- 1 EL Mandelsplitter, leicht geröstet

Zubereitung:

1. In einer großen Schüssel Mairüben und Kiwi vorsichtig vermischen.

2. Den Feldsalat und die Blaubeeren hinzufügen.

3. In einer kleinen Schüssel Olivenöl, Zitronensaft, Salz, Pfeffer und Basilikum vermischen, um das Dressing zu kreieren.

4. Das Dressing über den Salat gießen und vorsichtig umrühren, sodass alle Zutaten gut miteinander vermengt sind.

5. Den Salat auf einen Teller geben, mit Sonnenblumenkernen und Mandelsplittern bestreuen und servieren.

Feldsalat mit gebratenem Hühnchen

Zubereitungszeit: 25 Minuten
Portionen: 1 Person

Zutaten:

- 100 g Feldsalat, gewaschen und abgetropft
- 150 g Hühnerbrust, in Streifen geschnitten
- 1 kleine Karotte, in feine Stifte geraspelt
- 5 Erdbeeren, gewaschen und halbiert
- 1 EL Sonnenblumenkerne
- 2 EL natives Olivenöl extra
- 1 Bio-Zitrone, Saft und Abrieb
- 1 TL frischer Ingwer, gerieben
- Salz und Schwarzer Pfeffer, nach Geschmack
- 1 TL frischer Basilikum, fein gehackt
- 1 EL Mandelmus

Zubereitung:

1. Erhitze 1 EL Olivenöl in einer Pfanne bei mittlerer Hitze. Füge die Hühnerbruststreifen hinzu und brate sie goldbraun und durchgegart. Dies sollte etwa 5-7 Minuten dauern. Wende das Fleisch während des Bratens mehrmals.

2. Während das Hühnchen brät, mische in einer kleinen Schüssel Zitronensaft, Zitronenabrieb, den restlichen EL Olivenöl, geriebenen Ingwer, Salz, Pfeffer und Mandelmus. Gut verrühren, bis eine homogene Sauce entsteht.

3. Den Feldsalat auf einem Teller anrichten. Die Karottenstifte und Erdbeerhälften darüber verteilen.

4. Das gebratene Hühnchen auf dem Salat platzieren. Die vorbereitete Sauce gleichmäßig darüber träufeln.

5. Zum Schluss mit Sonnenblumenkernen und gehacktem Basilikum bestreuen.

Spinat-Erdbeeren-Salat mit Mandeln

Zubereitungszeit: 15 Minuten
Portionen: 1 Person

Zutaten:

- 50 g frischer Spinat, gewaschen und getrocknet
- 6-7 frische Erdbeeren, gewaschen und geviertelt
- 15 g Mandeln, grob gehackt
- 1 EL natives Olivenöl extra
- 1 TL frisch gepresster Bio-Zitronensaft
- Salz und schwarzer Pfeffer nach Geschmack
- 1 EL frischer Basilikum, fein gehackt
- 1 EL Kokosraspel

Zubereitung:

1. Den Spinat in eine Schüssel geben.
2. Die geviertelten Erdbeeren darüber verteilen.
3. In einer kleinen Pfanne die Mandeln ohne Öl leicht anrösten, bis sie duften und leicht goldbraun sind. Danach zur Seite stellen und etwas abkühlen lassen.
4. Für das Dressing das Olivenöl mit dem Zitronensaft, Salz, schwarzem Pfeffer und gehacktem Basilikum in einer kleinen Schüssel vermengen.
5. Das Dressing über den Spinat und die Erdbeeren gießen und alles vorsichtig vermengen.
6. Die gerösteten Mandeln und die Kokosraspel über den Salat streuen.

Lachs-Avocado-Salat

Zubereitungszeit: 15 Minuten
Portionen: 1 Person

Zutaten:

- 100 g Wildlachs, frisch und in mundgerechte Stücke geschnitten
- 1 reife Avocado, gewürfelt
- 5 Erdbeeren, geviertelt
- 4 Radieschen, in dünne Scheiben geschnitten
- 1 kleiner Handvoll Feldsalat, gewaschen und abgetropft
- 3 EL natives Olivenöl extra
- Saft einer Bio-Limette
- 1 EL frischer Koriander, fein gehackt
- Eine Prise Salz und frisch gemahlener schwarzer Pfeffer

Zubereitung:

1. In einer Pfanne 1 EL Olivenöl erhitzen und den Wildlachs von beiden Seiten kurz anbraten, bis er gerade durch ist. Aus der Pfanne nehmen und auf einem Teller abkühlen lassen.

2. Während der Lachs abkühlt, in einer großen Schüssel Avocado, Erdbeeren, Radieschen und Feldsalat vermengen.

3. Für das Dressing den Saft der Bio-Limette, die restlichen 2 EL Olivenöl, den gehackten Koriander, Salz und Pfeffer in einer kleinen Schüssel vermengen.

4. Das Dressing über den Salat geben und vorsichtig vermischen.

5. Den abgekühlten Lachs vorsichtig unter den Salat heben.

6. Zum Schluss den Salat auf einen Teller geben.

Radieschen-Quinoa-Salat

Zubereitungszeit: 20 Minuten
Portionen: 1 Person

Zutaten:

- 50 g Quinoa
- 5 Radieschen, in feine Scheiben geschnitten
- 50 g frischer Spinat, grob gehackt
- 1 Bio-Zitrone, Saft und Abrieb
- 2 EL natives Olivenöl extra
- 1 TL frischer Ingwer, fein gerieben
- 1 EL Mandeln, grob gehackt
- 1 EL Sonnenblumenkerne
- 1 EL frischer Koriander, fein gehackt
- Salz und schwarzer Pfeffer nach Geschmack

Zubereitung:

1. Quinoa nach Packungsanweisung in Wasser kochen. Nach dem Kochen gut abtropfen lassen und abkühlen lassen.

2. In einer großen Schüssel Radieschenscheiben, Spinat, Mandeln und Sonnenblumenkerne hinzufügen.

3. Für das Dressing Zitronensaft, Zitronenabrieb, Olivenöl und geriebenen Ingwer in einer kleinen Schüssel verrühren. Mit Salz und Pfeffer abschmecken.

4. Das Dressing über den Salat gießen und gut vermengen.

5. Den Salat mit frischem Koriander garnieren.

Artischocken-Hühner-Salat

Zubereitungszeit: 20 Minuten
Portionen: 1 Person

Zutaten:

- 150 g Hühnerbrust, in Würfel geschnitten
- 1 frische Artischocke, geputzt und in Viertel geschnitten
- 4 Erdbeeren, geviertelt
- 1 kleiner Apfel, gewürfelt
- 1 EL frischer Bio-Zitronensaft
- 2 EL natives Olivenöl extra
- 1 Handvoll Feldsalat, gewaschen und abgetropft
- 2 EL Walnüsse, grob gehackt
- 1 EL frischer Basilikum, fein gehackt
- Salz und schwarzer Pfeffer nach Geschmack

Zubereitung:

1. Setze Wasser in einem kleinen Topf auf und bringe es zum Kochen. Koche die Artischockenviertel etwa 10 Minuten, bis sie weich sind. Gieße das Wasser ab und lasse die Artischocken abkühlen.

2. Während die Artischocken kochen, erhitze 1 EL Olivenöl in einer Pfanne und brate die Hühnerbrustwürfel goldbraun. Dies sollte etwa 5-7 Minuten dauern. Entferne das Hühnerfleisch von der Hitze und lasse es abkühlen.

3. In einer großen Schüssel vermische die abgekühlten Artischocken, das gebratene Hühnerfleisch, Erdbeeren, Apfelwürfel und Feldsalat.

4. In einer kleinen Schüssel vermische den frischen Zitronensaft mit 1 EL Olivenöl, dem gehackten Basilikum, Salz und schwarzem Pfeffer, um ein Dressing zu erstellen.

5. Gieße das Dressing über den Salat in der großen Schüssel und vermische alles gut. Bestreue den Salat mit den grob gehackten Walnüssen. Lass es dir schmecken.

Brokkolisalat mit Nüssen

Zubereitungszeit: 20 Minuten
Portionen: 1 Person

Zutaten:

- 100 g Brokkoli, in kleine Röschen geteilt
- 10 g Walnüsse, grob gehackt
- 1 kleine Karotte, geraspelt
- 1/2 kleiner Apfel, in feine Scheiben geschnitten
- 2 EL natives Olivenöl extra
- 1 TL frisch gepresster Bio-Zitronensaft
- Eine Prise frischer Ingwer, fein gerieben
- Eine Handvoll Feldsalat
- Salz und schwarzer Pfeffer zum Abschmecken

Zubereitung:

1. Bring Wasser in einem Topf zum Kochen. Gib eine Prise Salz hinzu und koche den Brokkoli etwa 3-4 Minuten lang, bis er leicht weich, aber noch bissfest ist. Schütte das Wasser ab und kühle den Brokkoli mit kaltem Wasser ab.

2. In einer großen Schüssel vermischt du den Brokkoli, die geraspelte Karotte, die Apfelscheiben und die gehackten Walnüsse.

3. In einer kleinen Schüssel mischst du Olivenöl, Zitronensaft und geriebenen Ingwer miteinander. Würze das Dressing mit Salz und schwarzem Pfeffer nach Geschmack.

4. Gib das Dressing über die Brokkoli-Mischung und mische alles gut durch.

5. Serviere den Salat auf einem Bett aus Feldsalat. Fertig!

Forellen-Spinat-Salat

Zubereitungszeit: 20 Minuten
Portionen: 1 Person

Zutaten:

- 1 frische Forelle (ca. 150 g), filetiert
- 100 g frischer Spinat, gewaschen und grob gehackt
- 6 Erdbeeren, gewaschen und geviertelt
- 1 mittelgroße Karotte, geschält und in feine Stifte geschnitten
- 5 Kirschtomaten, halbiert (Nur in geringen Mengen erlaubt, abhängig von individueller Verträglichkeit)
- 2 EL natives Olivenöl extra
- 1 TL frisch gepresster Saft von einer Bio-Zitrone
- 1 TL Hanfsamen
- 1 TL Mandeln, grob gehackt
- 1 TL frischer Basilikum, gehackt
- Salz und schwarzer Pfeffer nach Geschmack

Zubereitung:

1. Die Forellenfilets in einer Pfanne mit 1 EL Olivenöl von beiden Seiten je 2-3 Minuten anbraten, bis sie goldbraun und durchgegart sind. Anschließend aus der Pfanne nehmen und auf einem Teller abkühlen lassen.

2. Während die Forelle abkühlt, den Spinat, die Erdbeeren, die Karottenstifte und die Kirschtomaten in einer großen Schüssel vermischen.

3. Für das Dressing das restliche Olivenöl, Zitronensaft, Salz und Pfeffer in einer kleinen Schüssel verquirlen.

4. Die Forellenfilets vorsichtig in kleinere Stücke zerteilen und zum Salat hinzufügen.

5. Das Dressing über den Salat geben und vorsichtig vermischen, sodass alles gut bedeckt ist.

6. Den Salat auf einem Teller anrichten und mit Hanfsamen, gehackten Mandeln und frischem Basilikum bestreuen. Guten Appetit!

Hauptgerichte

Hühner-Kokos-Curry mit Quinoa

Zubereitungszeit: 25 Minuten
Portionen: 1 Person

Zutaten:

- 120 g Quinoa, gewaschen
- 150 g Hühnerbrust, in Würfel geschnitten
- 1 EL Kokosöl
- 2 TL Currypulver
- 1 kleine Zucchini, gewürfelt
- 1/2 Papaya, gewürfelt
- 200 ml ungesüßte Kokosmilch
- 1 TL frischer Ingwer, gerieben
- 1/2 Bio-Limette, Saft und Abrieb
- 1 EL frischer Koriander, gehackt
- Salz und schwarzer Pfeffer nach Geschmack

Zubereitung:

1. Den Quinoa nach Packungsanleitung in Wasser kochen. Das sollte etwa 15 Minuten dauern. Danach zur Seite stellen.

2. In einer Pfanne das Kokosöl erhitzen. Die Hühnerwürfel hinzufügen und unter ständigem Rühren anbraten, bis sie rundum goldbraun sind.

3. Den geriebenen Ingwer und das Currypulver zum Hühnchen geben und gut vermengen. Dann die Zucchini und Papaya dazugeben und für 2-3 Minuten weiter anbraten.

4. Mit der Kokosmilch ablöschen und alles zum Köcheln bringen. Für etwa 10 Minuten leicht köcheln lassen, bis das Hühnchen durchgekocht und die Sauce etwas eingedickt ist.

5. Den Quinoa unter das Curry mischen und mit Salz und Pfeffer abschmecken.

6. Das Curry in eine Schüssel geben, mit Limettensaft, Limettenabrieb und gehacktem Koriander verfeinern.

Zucchini-Nudeln mit Forellen-Soße

Zubereitungszeit: 25 Minuten
Portionen: 1 Person

Zutaten:

- 1 mittelgroße Zucchini, in Nudelform geschnitten
- 150 g Forelle, frisch und filetiert
- 1 EL natives Olivenöl extra
- 1 kleine Karotte, gewürfelt
- 2 frische Champignons, in Scheiben
- 1 TL frischer Ingwer, gerieben
- 1 kleine Knoblauchzehe, fein gehackt
- 50 ml Kokosmilch, ungesüßt
- Salz und schwarzer Pfeffer nach Geschmack
- Einige frische Basilikumblätter zum Garnieren
- 1 TL Zitronensaft von Bio-Zitrone

Zubereitung:

1. Die Forelle in mundgerechte Stücke schneiden.

2. In einer Pfanne das Olivenöl erhitzen und die Forellenstücke darin anbraten, bis sie von beiden Seiten goldbraun sind. Danach aus der Pfanne nehmen und beiseite stellen.

3. Im gleichen Öl die Karottenwürfel und Champignonscheiben anbraten. Nach etwa 3 Minuten den Knoblauch und Ingwer hinzufügen und weitere 2 Minuten braten.

4. Die Kokosmilch in die Pfanne geben und zum Kochen bringen. Die Hitze reduzieren und die Soße einige Minuten leicht köcheln lassen, bis sie leicht eindickt. Mit Salz, Pfeffer und Zitronensaft abschmecken.

5. Die Forellenstücke zurück in die Pfanne geben und in der Soße erwärmen.

6. Während die Soße köchelt, die Zucchini-Nudeln in einer separaten Pfanne mit einem Teelöffel Olivenöl 2-3 Minuten anbraten. Sie sollten noch Biss haben.

7. Die Zucchini-Nudeln auf einem Teller anrichten und die Forellen-Soße darüber geben. Mit frischen Basilikumblättern garnieren. Guten Appetit!

Brokkoli-Hähnchen-Pfanne

Zubereitungszeit: 25 Minuten
Portionen: 1 Person

Zutaten:

- 150 g Hühnerbrust, in mundgerechte Stücke geschnitten
- 200 g Brokkoli, in kleine Röschen geteilt
- 1 mittelgroße Karotte, in dünne Scheiben geschnitten
- 1 Apfel, entkernt und in dünne Spalten geschnitten
- 1 TL frischer Ingwer, fein gehackt
- 1 EL natives Olivenöl extra
- 2 EL Kokosmilch, ungesüßt
- 1 TL Kurkuma
- 1 EL frischer Bio-Zitronensaft
- Eine Prise Schwarzer Pfeffer
- Salz, nach Geschmack
- 1 EL Mandelsplitter
- 1 EL frischer Basilikum, fein gehackt

Zubereitung:

1. In einer Pfanne das Olivenöl auf mittlerer Hitze erwärmen. Hühnerbruststücke hinzufügen und von allen Seiten goldbraun anbraten.

2. Den frischen Ingwer und die Karottenscheiben hinzugeben. Alles zusammen etwa 3-4 Minuten dünsten, bis die Karotten etwas weicher werden.

3. Nun den Brokkoli und die Apfelspalten in die Pfanne geben. Alles gut umrühren und für weitere 4-5 Minuten braten.

4. Währenddessen in einer kleinen Schale Kokosmilch, Kurkuma, Zitronensaft, Pfeffer und Salz verquirlen. Die Mischung zur Pfanne hinzufügen und gut umrühren.

5. Die Pfanne mit einem Deckel abdecken und alles bei niedriger Hitze 5 Minuten köcheln lassen, bis das Hühnerfleisch durchgegart und der Brokkoli bissfest ist.

6. Zum Schluss die Mandelsplitter und den frisch gehackten Basilikum über die Brokkoli-Hähnchen-Pfanne streuen.

Rindfleisch-Stir-Fry mit Gemüse

Zubereitungszeit: 25 Minuten
Portionen: 1 Person

Zutaten:

- 150 g Rindfleisch, in Streifen geschnitten
- 1 EL Kokosöl
- 1 mittelgroße Karotte, in dünne Scheiben geschnitten
- 1/4 Brokkoli, in Röschen geteilt
- 50 g Zucchini, in dünne Scheiben geschnitten
- 2 frische Champignons, in Scheiben geschnitten
- 1 EL Sojasprossen
- 1 TL frischer Ingwer, fein gehackt
- 1 Knoblauchzehe, fein gehackt
- 1 EL Kokosmilch, ungesüßt
- 1 TL frischer Bio-Limettensaft
- Frischer Koriander, grob gehackt
- Salz und schwarzer Pfeffer nach Geschmack
- Eine Prise Kurkuma
- Eine Prise Kreuzkümmel

Zubereitung:

1. In einer Pfanne das Kokosöl erhitzen. Das Rindfleisch hinzugeben und unter ständigem Rühren 3-4 Minuten anbraten, bis es leicht gebräunt ist. Aus der Pfanne nehmen und beiseite stellen.

2. In der gleichen Pfanne den gehackten Ingwer und Knoblauch anbraten, bis sie duften.

3. Die Karottenscheiben hinzufügen und etwa 2 Minuten braten. Danach Brokkoli, Zucchini und Champignons hinzufügen und alles zusammen Weitere 3-4 Minuten braten.

4. Das angebratene Rindfleisch wieder in die Pfanne geben. Kokosmilch, Limettensaft, Salz, Pfeffer, Kurkuma und Kreuzkümmel hinzufügen und alles gut vermischen.

5. Zum Schluss die Sojasprossen unterheben und nur kurz erhitzen.

6. Vor dem Servieren mit frischem Koriander bestreuen.

Lachs auf Spinatbett

Zubereitungszeit: 25 Minuten
Portionen: 1 Person

Zutaten:

- 150 g Wildlachsfilet, frisch oder aufgetaut
- 200 g frischer Spinat, gewaschen und grob gehackt
- 1 Bio-Zitrone, Schale abgerieben und dann halbiert
- 1 TL frischer Ingwer, gerieben
- 1 EL natives Olivenöl extra
- 1 EL Kokosöl
- 1 EL Chiasamen
- 1/2 TL Kurkuma
- 1/2 TL schwarzer Pfeffer
- 1 EL Walnüsse, grob gehackt
- 1 TL frischer Basilikum, gehackt
- Eine Prise Meersalz

Zubereitung:

1. Erhitze das Olivenöl in einer Pfanne über mittlerer Hitze. Sobald das Öl heiß ist, gib den Lachs hinein, würze ihn mit Salz und Pfeffer und brate ihn 3-4 Minuten auf jeder Seite, bis er durchgegart und goldbraun ist.

2. Während der Lachs brät, kannst du den Spinat zubereiten. Erhitze das Kokosöl in einer anderen Pfanne und füge den Spinat hinzu. Dünste den Spinat, bis er zusammengefallen ist, das dauert ca. 3-4 Minuten.

3. Füge den geriebenen Ingwer, Kurkuma und die abgeriebene Zitronenschale zum Spinat hinzu. Mische alles gut durch und lass es weitere 2 Minuten köcheln.

4. Serviere den Spinat auf einem Teller und lege den gebratenen Lachs darauf. Drücke etwas Zitronensaft über den Lachs, streue die Chiasamen, gehackten Walnüsse und den frischen Basilikum darüber. Guten Appetit.

Hirsotto mit Wildfleisch

Zubereitungszeit: 35 Minuten
Portionen: 1 Person

Zutaten:

- 80 g Hirse, gewaschen und abgetropft
- 150 g Wildfleisch (z.B. Reh), in kleine Stücke geschnitten
- 2 TL natives Olivenöl extra
- 1 kleine Karotte, gewürfelt
- 1/4 Zucchini, gewürfelt
- 1/4 Brokkoli, in kleine Röschen zerteilt
- 1 kleine Schalotte, fein gehackt (Nur in geringen Mengen erlaubt, abhängig von individueller Verträglichkeit)
- 1 Knoblauchzehe, fein gehackt
- 250 ml Wasser
- 1 EL frischer Rosmarin, gehackt
- Salz und Schwarzer Pfeffer zum Abschmecken
- 2 EL Mandelmilch, ungesüßt
- 1 EL Walnüsse, gehackt

Zubereitung:

1. In einer Pfanne 1 TL Olivenöl erhitzen und die Schalotte und den Knoblauch darin glasig anbraten. Die Hirse dazugeben und kurz mit anbraten.

2. Mit Wasser ablöschen und zum Kochen bringen. Auf mittlerer Hitze ca. 20 Minuten köcheln lassen, bis die Hirse weich ist und das Wasser aufgesogen hat.

3. In der Zwischenzeit in einer anderen Pfanne das restliche Olivenöl erhitzen. Das Wildfleisch darin von allen Seiten scharf anbraten. Dann das Fleisch aus der Pfanne nehmen und beiseite stellen.

4. Im gleichen Öl die Karotte, Zucchini und Brokkoli anbraten, bis sie leicht Farbe annehmen.

5. Das Gemüse zur Hirse geben und gut vermischen. Den Rosmarin dazugeben und mit Salz und Pfeffer abschmecken.

6. Zum Schluss die Mandelmilch dazugeben und gut unterrühren, bis das Hirsotto cremig wird. Das Hirsotto auf einen Teller geben, das Wildfleisch darauf anrichten und mit gehackten Walnüssen bestreuen.

Gebratene Forelle mit Artischocken

Zubereitungszeit: 30 Minuten
Portionen: 1 Person

Zutaten:

- 1 Forelle, ausgenommen und geschuppt
- 2 frische Artischocken, geputzt und halbiert
- 2 EL natives Olivenöl extra
- 1 Bio-Zitrone, in Scheiben geschnitten
- 1 TL frischer Thymian, gehackt
- 1 TL frischer Rosmarin, gehackt
- 1 Knoblauchzehe, fein gehackt
- Salz und schwarzer Pfeffer nach Geschmack
- 50 ml Wasser
- 2 EL Petersilie, gehackt (zum Garnieren)

Zubereitung:

1. Du beginnst damit, die Forelle von beiden Seiten mit Salz und Pfeffer zu würzen. Lass sie dann kurz ruhen, damit die Gewürze einziehen können.

2. In einer großen Pfanne das Olivenöl erhitzen. Die Forelle von beiden Seiten jeweils 5-7 Minuten anbraten, bis sie goldbraun ist. Danach nimmst du sie aus der Pfanne und lässt sie auf einem Teller ruhen.

3. In der gleichen Pfanne die Artischocken, Knoblauch, Thymian und Rosmarin hinzufügen. Für etwa 5 Minuten anbraten, bis die Artischocken leicht gebräunt sind. Zitronenscheiben hinzufügen und kurz mitbraten.

4. Wasser hinzugießen und den Deckel auf die Pfanne setzen. Die Artischocken 10 Minuten dünsten lassen, bis sie weich sind. Bei Bedarf Wasser nachgießen.

5. Die Forelle zurück in die Pfanne geben und alles nochmals 3 Minuten köcheln lassen.

6. Das Gericht auf einen Teller anrichten, mit frischer Petersilie bestreuen und servieren.

Kabeljau auf Blumenkohlpüree

Zubereitungszeit: 25 Minuten
Portionen: 1 Person

Zutaten:

- 150 g Kabeljaufilet, frisch
- 200 g Blumenkohlröschen, gewaschen und in kleine Stücke geschnitten
- 1 EL natives Olivenöl extra
- 1 TL frischer Ingwer, gerieben
- 2 EL Kokosmilch, ungesüßt
- 1 EL frischer Bio-Zitronensaft
- Eine Prise Kurkuma
- Eine Prise Schwarzer Pfeffer
- Frischer Koriander, gehackt (zum Garnieren)
- Salz nach Geschmack

Zubereitung:

1. Gib den Blumenkohl in einen mittelgroßen Topf, bedecke ihn mit Wasser und füge eine Prise Salz hinzu. Lass ihn auf mittlerer Hitze kochen, bis er weich ist.

2. Während der Blumenkohl kocht, erhitzt du das Olivenöl in einer Pfanne über mittlerer Hitze. Füge den Kabeljau hinzu, würze ihn mit Salz und Pfeffer und brate ihn etwa 3-4 Minuten auf jeder Seite an, bis er gar ist und eine goldene Kruste hat. Nimm den Fisch aus der Pfanne und lege ihn beiseite.

3. Gieße den weichen Blumenkohl ab und gebe ihn in eine Schüssel. Füge die Kokosmilch, den geriebenen Ingwer, den Zitronensaft und den Kurkuma hinzu. Verwende einen Pürierstab oder einen Mixer, um alles zu einem glatten Püree zu verarbeiten. Schmecke mit Salz und Pfeffer ab.

4. Serviere das Blumenkohlpüree auf einem Teller, lege den gebratenen Kabeljau darauf und garniere mit frisch gehacktem Koriander.

Lammkeule mit Thymian und Knoblauch

Zubereitungszeit: 45 Minuten
Portionen: 1 Person

Zutaten:

- 1 kleine Lammkeule (ca. 250 g), küchenfertig
- 2 Knoblauchzehen, fein gehackt
- 2 EL frischer Thymian, fein gehackt
- 2 EL natives Olivenöl extra
- Salz und schwarzer Pfeffer zum Abschmecken
- 200 g Brokkoli, in kleine Röschen geschnitten
- 1 mittelgroßer Zucchini, in Scheiben geschnitten
- 1 EL Kokosöl
- 1 EL Mandelblättchen, geröstet (für Garnierung)

Zubereitung:

1. Die Lammkeule mit Salz und Pfeffer einreiben. Knoblauch und Thymian in einer kleinen Schale mit dem Olivenöl vermischen. Die Lammkeule mit dieser Mischung bestreichen und 15 Minuten marinieren lassen.

2. In der Zwischenzeit eine Pfanne mit Kokosöl erhitzen. Die Brokkoliröschen und Zucchinischeiben hinzufügen und bei mittlerer Hitze 5-7 Minuten anbraten, bis sie leicht gebräunt und noch bissfest sind. Mit Salz und Pfeffer abschmecken und beiseite stellen.

3. Eine weitere Pfanne auf hoher Stufe erhitzen. Die marinierte Lammkeule hineingeben und von beiden Seiten je 4-5 Minuten anbraten, bis sie eine goldbraune Farbe hat und innen noch leicht rosa ist.

4. Die Lammkeule aus der Pfanne nehmen und 5 Minuten ruhen lassen. In der Zwischenzeit den Brokkoli und die Zucchini nochmals erwärmen, falls nötig.

5. Die Lammkeule in Scheiben schneiden und mit dem Brokkoli und der Zucchini auf einem Teller anrichten. Zum Schluss mit gerösteten Mandelblättchen garnieren.

Erbsennudeln mit Hühner-Ingwer-Soße

Zubereitungszeit: 25 Minuten
Portionen: 1 Person

Zutaten:

- 100 g Erbsennudeln
- 150 g Hühnerbrust, in dünne Streifen geschnitten
- 2 TL frischer Ingwer, fein gerieben
- 1 EL natives Olivenöl extra
- 1 kleine Karotte, fein gewürfelt
- 1 frische Champignon, in Scheiben
- 1 kleine Zucchini, gewürfelt
- 100 ml Kokosmilch, ungesüßt
- 1 TL Kurkuma
- Salz und schwarzer Pfeffer nach Geschmack
- 1 TL frischer Basilikum, gehackt
- 1 TL frischer Koriander, gehackt

Zubereitung:

1. In einem mittelgroßen Topf Wasser zum Kochen bringen und die Erbsennudeln nach Packungsanweisung kochen. Wenn sie al dente sind, abgießen und beiseite stellen.

2. In einer Pfanne das Olivenöl erhitzen und die Hühnerstreifen darin scharf anbraten, bis sie goldbraun sind. Herausnehmen und beiseite stellen.

3. Im gleichen Öl den geriebenen Ingwer, Karottenwürfel und Champignonscheiben anbraten, bis sie leicht gebräunt sind.

4. Zucchini hinzufügen und weitere 2-3 Minuten anbraten.

5. Die Kokosmilch in die Pfanne gießen und Kurkuma hinzufügen. Gut umrühren und zum Köcheln bringen.

6. Das angebratene Hühnerfleisch wieder in die Pfanne geben und alles zusammen für 5-7 Minuten köcheln lassen, bis das Hühnerfleisch durchgegart ist und die Soße etwas eingedickt ist.

7. Mit Salz und schwarzem Pfeffer abschmecken.

8. Die gekochten Erbsennudeln in die Soße geben und alles gut vermengen, sodass die Nudeln gut mit der Soße überzogen sind. Zum Schluss mit frisch gehacktem Basilikum und Koriander bestreuen.

Quinoa-Gemüse-Pfanne mit Ei

Zubereitungszeit: 30 Minuten
Portionen: 1 Person

Zutaten:

- 50 g Quinoa
- 1 Bio-Ei
- 1 kleine Karotte, gewürfelt
- 1/4 Zucchini, gewürfelt
- 50 g Brokkoli, in kleine Röschen geschnitten
- 1/4 rote Paprika, gewürfelt (Nur in geringen Mengen erlaubt, abhängig von individueller Verträglichkeit)
- 1 Knoblauchzehe, fein gehackt
- 2 EL Kokosöl
- 1 TL frischer Ingwer, gerieben
- 1 EL frischer Basilikum, gehackt
- 1 EL frische Petersilie, gehackt
- Salz und Schwarzer Pfeffer nach Geschmack
- 1 EL natives Olivenöl extra
- Ein Spritzer frisch gepresster Bio-Zitronensaft

Zubereitung:

1. Quinoa unter fließendem Wasser in einem Sieb gut spülen. In einem Topf mit der doppelten Menge Wasser zum Kochen bringen. Sobald das Wasser kocht, die Hitze reduzieren und den Quinoa 15 Minuten köcheln lassen, bis er gar ist. Anschließend beiseite stellen.

2. In einer Pfanne 1 EL Kokosöl erhitzen. Das Gemüse (Karotte, Zucchini, Brokkoli, Paprika) darin etwa 5-7 Minuten anbraten, bis es bissfest ist. Knoblauch und Ingwer hinzufügen und weitere 2 Minuten braten.

3. Das gekochte Quinoa zum Gemüse in die Pfanne geben und alles gut vermischen. Mit Salz, Pfeffer und einem Spritzer Zitronensaft abschmecken. Basilikum und Petersilie unterheben. Den Inhalt aus der Pfanne nehmen und auf einen Teller geben.

4. Die Pfanne säubern und das restliche Kokosöl darin erhitzen. Das Ei vorsichtig in die Pfanne aufschlagen und nach Wunsch entweder als Spiegelei oder Rührei zubereiten.

5. Das Ei auf die Quinoa-Gemüse-Pfanne setzen, mit Olivenöl beträufeln und servieren.

Wildlachs mit Zitronensoße

Zubereitungszeit: 20 Minuten
Portionen: 1 Person

Zutaten:

- 150 g Wildlachsfilet, frisch
- 1 Bio-Zitrone, Saft und Abrieb
- 2 EL Kokosöl
- 1 EL natives Olivenöl extra
- 2 EL Mandelmilch, ungesüßt
- 2 TL frischer Basilikum, fein gehackt
- 1 TL frischer Rosmarin, fein gehackt
- Salz und Schwarzer Pfeffer, nach Geschmack
- 1 Handvoll frischer Spinat
- 1 EL Pinienkerne, leicht geröstet
- 2 EL Wasser

Zubereitung:

1. Den Wildlachs unter fließendem Wasser abspülen und mit Küchenpapier trocken tupfen. Mit Salz und Pfeffer würzen.

2. In einer Pfanne das Kokosöl erhitzen. Den Lachs darin von beiden Seiten je 3-4 Minuten anbraten, bis er goldbraun und innen noch leicht rosa ist. Aus der Pfanne nehmen und warm halten.

3. Im gleichen Pfannenöl den Zitronenabrieb, Zitronensaft, Olivenöl und Mandelmilch hinzufügen. Alles gut vermengen und kurz aufkochen lassen.

4. Basilikum und Rosmarin hinzugeben und mit Salz und Pfeffer abschmecken. Die Soße sollte eine cremige Konsistenz haben. Falls sie zu dick ist, ein wenig Wasser hinzufügen.

5. In einer separaten Pfanne den Spinat mit 2 EL Wasser kurz dünsten, bis er zusammenfällt.

6. Den Spinat auf einem Teller anrichten, den Wildlachs darauflegen und mit der Zitronensoße übergießen. Zum Schluss mit den gerösteten Pinienkernen bestreuen.

Rindergulasch mit Wurzelgemüse

Zubereitungszeit: 45 Minuten
Portionen: 1 Person

Zutaten:

- 150 g Rindfleisch, in Würfel geschnitten
- 1 mittelgroße Karotte, gewürfelt
- 1 kleine Pastinake, gewürfelt
- 1 kleine Mairübe, gewürfelt
- 2 EL Kokosöl
- 1 kleines Stück Ingwer (ca. 2 cm), fein gehackt
- 1 kleine Bio-Zitrone, Schale abgerieben
- 250 ml Wasser
- 1 TL Kurkuma
- 1 TL Majoran
- Salz und schwarzer Pfeffer nach Geschmack
- 1 EL frischer Rosmarin, fein gehackt
- 1 TL Chiasamen (zum Andicken)

Zubereitung:

1. Erhitze in einem Topf das Kokosöl. Gib die Rindfleischwürfel hinzu und brate sie an, bis sie von allen Seiten braun sind.

2. Füge das gewürfelte Wurzelgemüse hinzu und dünste es ein paar Minuten mit.

3. Nun den gehackten Ingwer, die abgeriebene Zitronenschale, Kurkuma und Majoran hinzugeben. Alles gut umrühren.

4. Mit Wasser ablöschen und zum Kochen bringen.

5. Reduziere die Hitze, decke den Topf ab und lasse das Gulasch für etwa 30 Minuten köcheln, bis das Fleisch und das Gemüse zart sind.

6. Kurz vor Ende der Kochzeit den frischen Rosmarin hinzufügen.

7. Zum Andicken des Gulaschs die Chiasamen unterrühren und weitere 5 Minuten köcheln lassen.

8. Mit Salz und Pfeffer abschmecken.

Spinat-Hühner-Auflauf

Zubereitungszeit: 30 Minuten
Portionen: 1 Person

Zutaten:

- 150 g frischer Spinat, gewaschen und grob gehackt
- 100 g Hühnerbrust, in Würfel geschnitten
- 1 Bio-Ei
- 50 ml Kokosmilch, ungesüßt
- 1 TL frischer Ingwer, fein gerieben
- 1 Knoblauchzehe, fein gehackt
- 1 EL natives Olivenöl extra
- 1 EL Sonnenblumenkerne
- Salz und schwarzer Pfeffer zum Abschmecken
- 1 EL frischer Basilikum, gehackt

Zubereitung:

1. Heize deinen Ofen auf 180 Grad vor.

2. In einer Pfanne das Olivenöl erhitzen. Hühnerbrustwürfel hinzugeben und von allen Seiten anbraten, bis sie leicht goldbraun sind. Den fein gehackten Knoblauch und geriebenen Ingwer dazugeben und kurz mitbraten.

3. Den Spinat in die Pfanne geben und kurz mitdünsten, bis er zusammenfällt. Mit Salz und Pfeffer abschmecken.

4. Die Spinat-Hühner-Mischung in eine kleine, ofenfeste Form geben.

5. In einer Schüssel das Ei mit der Kokosmilch verquirlen und mit Salz und Pfeffer abschmecken. Über die Spinat-Hühner-Mischung gießen.

6. Mit Sonnenblumenkernen bestreuen und im vorgeheizten Ofen für etwa 20 Minuten backen oder bis die Ei-Mischung fest ist und leicht goldbraun wird.

7. Vor dem Servieren mit frischem Basilikum bestreuen. Guten Appetit!

Snacks

Mandel-Hanf-Energiekugeln

Zubereitungszeit: 15 Minuten
Portionen: 1 Person

Zutaten:

- 60 g Mandeln, grob gehackt
- 40 g Hanfsamen
- 50 g Kokosraspel
- 3 EL glutenfreie Haferflocken
- 2 EL Kokosöl, geschmolzen
- 6 EL Mandelmilch, ungesüßt
- 1 EL Chiasamen
- 2 TL Vanille
- 1 Prise Salz
- 3 EL zuckerarmes Obst nach Wahl (z.B. Beeren, klein geschnitten)
- 1 TL Zimt

Zubereitung:

1. In einer großen Schüssel die Mandeln, Hanfsamen, Kokosraspel und Haferflocken vermengen.

2. Das geschmolzene Kokosöl und die Mandelmilch hinzufügen und gut unterrühren.

3. Nun Chiasamen, Vanille, Salz, das zuckerarme Obst und Zimt hinzufügen. Alles gut miteinander vermengen, bis eine klebrige Masse entsteht.

4. Mit den Händen kleine Kugeln formen und auf ein mit Backpapier belegtes Tablett legen.

5. Die Energiekugeln für etwa 1 Stunde in den Kühlschrank stellen, bis sie fest geworden sind. Fertig.

Kokos-Joghurt mit Chiasamen

Zubereitungszeit: 10 Minuten inkl. 2 Stunden Einweichzeit
Portionen: 1 Person

Zutaten:

- 200 ml Kokosjoghurt, ungesüßt
- 2 EL Chiasamen
- 1 Apfel, gewürfelt
- 1 Handvoll frische Beeren (Erdbeeren, Himbeeren, Heidelbeeren etc.), gewaschen
- 1 TL Kokosraspel
- 1 TL Mandeln, gehackt
- Ein Spritzer Bio-Limettensaft
- 1 TL Kokosöl
- Eine Prise Zimt

Zubereitung:

1. Die Chiasamen in eine Schale geben und mit 4 EL Wasser mischen. Für etwa 2 Stunden quellen lassen, bis eine gelartige Konsistenz entsteht.

2. Währenddessen den Apfel waschen, entkernen und in kleine Würfel schneiden.

3. Den Kokosjoghurt in eine Schale geben und die gequollenen Chiasamen unterrühren.

4. Die Apfelwürfel und Beeren vorsichtig unter den Joghurt-Chia-Mix heben.

5. Das Kokosöl in einer kleinen Pfanne erhitzen. Mandeln hinzufügen und leicht anrösten, bis sie goldbraun sind. Achtung: Mandeln können schnell verbrennen, also immer gut rühren und ein Auge darauf haben!

6. Den Kokos-Joghurt-Chia-Mix in eine Schale geben, mit den gerösteten Mandeln, Kokosraspeln und einer Prise Zimt bestreuen.

7. Zum Schluss mit einem Spritzer Bio-Limettensaft verfeinern. Guten Appetit.

Avocado-Chips

Zubereitungszeit: 20 Minuten
Portionen: 1 Person

Zutaten:

- 1 reife Avocado, geschält und entkernt
- 2 EL Kokosmehl
- 2 TL Chiasamen, gemahlen
- Saft einer Bio-Zitrone
- Salz nach Geschmack
- Eine Prise Paprika
- 1 EL natives Olivenöl extra

Zubereitung:

1. Heize deinen Ofen auf 180 Grad vor.
2. In einer mittelgroßen Schüssel die Avocado mit einer Gabel gut zerdrücken.
3. Gib den Zitronensaft hinzu und mische gut durch.
4. Füge Kokosmehl und gemahlene Chiasamen in die Schüssel hinzu und verrühre alles gut miteinander, bis eine gleichmäßige Masse entsteht.
5. Würze die Avocado-Masse mit Salz und Paprika. Gut umrühren.
6. Lege ein Backblech mit Backpapier aus und tröpfle das Olivenöl darauf. Verstreiche das Öl gleichmäßig mit einem Backpinsel.
7. Mit einem Teelöffel kleine Portionen der Avocado-Masse auf das Backpapier setzen und flach drücken, so dass sie die Form von kleinen Chips haben.
8. Setze das Backblech in den vorgeheizten Ofen und backe die Avocado-Chips für 10-15 Minuten oder bis sie fest und leicht goldbraun sind. Behalte sie im Auge, damit sie nicht verbrennen!
9. Nimm das Blech aus dem Ofen und lass die Avocado-Chips ein paar Minuten abkühlen, bevor du sie servierst.

Beeren-Nuss-Mix

Zubereitungszeit: 15 Minuten
Portionen: 1 Person

Zutaten:

- 100 g gemischte Beeren (Erdbeeren, Himbeeren, Heidelbeeren)
- 30 g Walnüsse, grob gehackt
- 1 reife Avocado, entkernt und geschält
- 3 EL Kokosjoghurt, ungesüßt
- 1 EL Kokosraspel
- 1 TL Chiasamen
- 1 TL frischer Limettensaft von einer Bio-Limette
- 1 TL frischer Ingwer, fein gerieben
- Eine Prise Vanille und Zimt

Zubereitung:

1. In einer kleinen Schüssel die Beeren vorsichtig waschen und gut abtropfen lassen.

2. In einer anderen Schüssel die Avocado mit dem Kokosjoghurt pürieren, bis eine glatte Creme entsteht.

3. Den frisch geriebenen Ingwer, Limettensaft, Vanille und Zimt zur Avocado-Kokos-Creme geben und gut vermengen.

4. Die Creme auf einen Teller oder in eine Schüssel geben.

5. Die Beeren und die grob gehackten Walnüsse darüber verteilen.

6. Mit Kokosraspeln und Chiasamen bestreuen.

Erdmandelcreme auf Gurkenscheiben

Zubereitungszeit: 20 Minuten
Portionen: 1 Person

Zutaten:

- 1 große Gurke, gewaschen und in dünne Scheiben geschnitten
- 50 g Erdmandelmehl
- 100 ml ungesüßte Mandelmilch
- 2 EL Kokosöl, geschmolzen
- 1 EL frischer Bio-Zitronensaft
- Eine Prise Salz
- Einige frische Beeren (z.B. Himbeeren oder Heidelbeeren) zum Garnieren
- Einige frische Minzblätter, fein gehackt, zum Garnieren

Zubereitung:

1. Gib das Erdmandelmehl, die Mandelmilch, das geschmolzene Kokosöl, den Zitronensaft und die Prise Salz in eine Schüssel und vermenge alles gründlich miteinander, bis eine cremige Masse entsteht.

2. Lege die Gurkenscheiben auf ein Servierbrett oder einen Teller.

3. Verteile mit einem Löffel oder einem Spritzbeutel die Erdmandelcreme gleichmäßig auf den Gurkenscheiben.

4. Garniere jede mit Creme bestrichene Gurkenscheibe mit einigen frischen Beeren und streue die fein gehackten Minzblätter darüber.

Sellerie mit Avocadomus

Zubereitungszeit: 15 Minuten
Portionen: 1 Person

Zutaten:

- 1 mittelgroße Sellerieknolle, geschält und in dünne Scheiben geschnitten
- 1 reife Avocado, halbiert, entkernt und Fruchtfleisch herausgelöst
- 1 EL frischer Zitronensaft von einer Bio-Zitrone
- 2 TL frischer Ingwer, fein gehackt
- Salz und Schwarzer Pfeffer nach Geschmack
- 1 EL natives Olivenöl extra
- 1 TL frischer Basilikum, fein gehackt
- 1 EL Walnüsse, grob gehackt

Zubereitung:

1. Die Selleriescheiben in einem Topf mit kochendem Wasser für 5-7 Minuten blanchieren, bis sie weich, aber noch bissfest sind. Anschließend abgießen und mit kaltem Wasser abschrecken.

2. Für das Avocadomus: Das Fruchtfleisch der Avocado in eine Schüssel geben und mit einer Gabel fein zerdrücken. Zitronensaft, Ingwer, Salz und Pfeffer hinzufügen und gut vermengen.

3. Die blanchierten Selleriescheiben auf einem Teller anrichten. Das Avocadomus gleichmäßig auf den Selleriescheiben verteilen.

4. In einer kleinen Pfanne das Olivenöl erhitzen. Die gehackten Walnüsse darin leicht anrösten, bis sie duften. Über das Avocadomus streuen.

5. Zum Schluss mit frisch gehacktem Basilikum bestreuen und servieren.

Rote-Beete-Chips

Zubereitungszeit: 30 Minuten
Portionen: 1 Person

Zutaten:

- 1 mittelgroße Rote Beete, gewaschen und in dünne Scheiben geschnitten
- 2 EL natives Olivenöl extra
- 1 TL frisch gehackter Rosmarin
- 1/2 TL Meersalz
- Eine Prise frisch gemahlener schwarzer Pfeffer
- 1 TL frischer Zitronensaft von einer Bio-Zitrone

Zubereitung:

1. Heize deinen Ofen auf 180 Grad vor und lege ein Backblech mit Backpapier aus.

2. Trockne die Rote-Beete-Scheiben mit Küchenpapier gut ab. Das verhindert, dass sie im Ofen zu sehr dampfen und sorgt dafür, dass sie knusprig werden.

3. In einer Schüssel vermische das Olivenöl, Rosmarin, Salz und Pfeffer miteinander. Füge die Rote Beete hinzu und vermische alles gut, sodass jede Scheibe gut mit der Ölmischung bedeckt ist.

4. Verteile die Rote-Beete-Scheiben gleichmäßig auf dem Backblech. Achte darauf, dass sie sich nicht überlappen.

5. Backe sie für etwa 15-20 Minuten im Ofen. Die genaue Backzeit hängt von der Dicke der Scheiben ab. Halte also ein Auge darauf und drehe die Scheiben nach der Hälfte der Backzeit einmal um.

6. Sobald die Rote-Beete-Chips knusprig sind und leicht gebräunt, nimm sie aus dem Ofen und beträufle sie mit dem frischen Zitronensaft.

7. Lass sie vor dem Verzehr etwas abkühlen. Guten Appetit.

Mohn-Cracker mit Cashewmus

Zubereitungszeit: 20 Minuten
Portionen: 1 Person

Zutaten:

- 50 g Mohn
- 100 g Buchweizenmehl
- 30 ml Wasser
- 1 TL Kokosöl
- Eine Prise Salz
- 1 EL frische Kräuter (z.B. Rosmarin oder Thymian), fein gehackt
- 2 EL Cashewmus

Zubereitung:

1. Den Backofen auf 180 Grad vorheizen.
2. In einer Schüssel Mohn und Buchweizenmehl vermischen.
3. Wasser und Kokosöl in einem kleinen Topf erhitzen, bis das Kokosöl geschmolzen ist. Dann zu der Mehlmischung hinzugeben.
4. Salz und die frisch gehackten Kräuter zur Masse hinzufügen und alles zu einem geschmeidigen Teig verkneten.
5. Zwischen zwei Backpapieren den Teig dünn ausrollen, etwa 2-3 mm dick.
6. Mit einem scharfen Messer oder einem Pizzaroller den Teig in quadratische Cracker schneiden.
7. Die Cracker auf ein mit Backpapier belegtes Backblech legen und im vorgeheizten Ofen für etwa 12-15 Minuten goldbraun backen.
8. Nach dem Herausnehmen die Cracker vollständig abkühlen lassen, damit sie knuspriger werden.
9. Zum Servieren einen Klecks Cashewmus auf jeden Cracker geben.

Radieschen mit Hummus

Zubereitungszeit: 20 Minuten
Portionen: 1 Person

Zutaten:

- 8 Radieschen, gewaschen und in Hälften geschnitten
- 1 EL Sonnenblumenkerne
- 1 Bio-Zitrone, Saft und Schale
- 2 EL natives Olivenöl extra
- 2 TL Tahini (Sesampaste)
- 1 kleine Knoblauchzehe, fein gehackt
- 50 g gekochter Quinoa
- Einige Blätter frischer Basilikum, fein gehackt
- Einige Blätter frischer Koriander, fein gehackt
- Salz und schwarzer Pfeffer nach Geschmack

Zubereitung:

1. Beginne damit, den Quinoa nach Packungsanleitung zu kochen und zur Seite zu stellen.

2. Während der Quinoa kocht, gib Tahini, Knoblauch, Zitronensaft, Olivenöl, Salz und Pfeffer in eine Schüssel und verrühre alles gründlich miteinander.

3. Die Radieschenhälften und den gekochten Quinoa unter das Tahini-Gemisch heben und alles gut vermengen.

4. Den Basilikum und Koriander fein hacken und unter den Hummus mischen.

5. Den Hummus in eine Schüssel geben und mit den Sonnenblumenkernen und etwas Zitronenschale bestreuen. Guten Appetit.

Kokos-Beeren-Snack

Zubereitungszeit: 20 Minuten
Portionen: 1 Person

Zutaten:

- 50 g Kokosjoghurt, ungesüßt
- 30 g Himbeeren, frisch
- 30 g Heidelbeeren, frisch
- 30 g Erdbeeren, frisch und geviertelt
- 2 EL Kokosraspel
- 1 EL Chiasamen
- 1 TL Kokosöl
- 1 TL Honig oder eine Prise Stevia (optional)
- Ein Spritzer frischer Bio-Zitronensaft
- Eine Prise Vanille

Zubereitung:

1. Du nimmst eine mittelgroße Schüssel und gibst den Kokosjoghurt hinein.

2. In einer kleinen Pfanne erhitzt du das Kokosöl bei mittlerer Hitze. Sobald es geschmolzen ist, fügst du die Kokosraspel hinzu und röstest sie leicht an, bis sie goldbraun sind.

3. Gib die gerösteten Kokosraspel zum Joghurt in die Schüssel.

4. Füge nun die Himbeeren, Heidelbeeren und Erdbeeren zum Joghurt hinzu.

5. Bestreue den Joghurt mit Chiasamen und mische das Ganze gut durch.

6. Falls du es etwas süßer magst, kannst du jetzt etwas Honig oder Stevia hinzufügen.

7. Zum Abschluss gibst du einen Spritzer Zitronensaft und die Prise Vanille darüber und mischt alles noch einmal gut durch.

Spinat-Walnuss-Bällchen

Zubereitungszeit: 25 Minuten
Portionen: 1 Person

Zutaten:

- 200 g frischer Spinat, gewaschen und grob gehackt
- 50 g Walnüsse, grob gehackt
- 1 Bio-Ei
- 2 EL Mandelmehl
- 1 EL natives Olivenöl extra
- 1 TL frischer Ingwer, fein gehackt
- 1 kleine Knoblauchzehe, gepresst
- 2 EL frische Petersilie, fein gehackt
- Salz und schwarzer Pfeffer nach Geschmack

Zubereitung:

1. Heize deinen Backofen auf 200 Grad vor.
2. In einer großen Schüssel den Spinat, Walnüsse, das Ei, Mandelmehl, Ingwer, Knoblauch und die Petersilie vermischen. Mit Salz und Pfeffer abschmecken.
3. Forme aus der Masse kleine Bällchen und lege sie auf ein mit Backpapier ausgelegtes Backblech.
4. Träufele das Olivenöl über die Bällchen.
5. Backe die Bällchen im vorgeheizten Backofen für etwa 15 Minuten oder bis sie fest und goldbraun sind.
6. Die Bällchen kurz abkühlen lassen und danach servieren.

Desserts

Kokos-Himbeer-Eis

Zubereitungszeit: 15 Minuten inkl. Gefrierzeit
Portionen: 1 Person

Zutaten:

- 150 ml Kokosmilch, unge-süßt
- 100 g frische Himbeeren
- 2 TL Chiasamen
- 2 EL Kokosraspel
- 1 TL frisch gepresster Saft von Bio-Limetten
- 1 EL glutenfreie Haferflo-cken
- Ein Stückchen frischer Ingwer (ca. 1 cm), fein gerieben
- 1 EL Erdmandelcreme, optional

Zubereitung:

1. Die Himbeeren in einer Schüssel zerdrücken, bis ein grobes Püree entsteht.

2. Füge die Kokosmilch, Chiasamen, Kokosraspel, Haferflocken, Limettensaft und den frisch geriebenen Ingwer hinzu und verrühre alles gut miteinander.

3. Falls gewünscht, füge Erdmandelcreme für eine leichte Süße hinzu und vermische alles gründlich.

4. Gieße die Mischung in eine eisgeeignete Form oder einen Behälter und stelle ihn für mindestens 4 Stunden oder über Nacht in den Gefrierschrank.

5. Sobald das Eis fest ist, lasse es kurz an der Raumluft stehen, um es leichter portionieren zu können. Dann mit einem Löffel Kugeln formen und servieren.

Quinoa-Pfirsich-Crumble

Zubereitungszeit: 25 Minuten
Portionen: 1 Person

Zutaten:

- 50 g Quinoa, gewaschen
- 1 Pfirsich, entkernt und gewürfelt
- 20 g Mandeln, grob gehackt
- 15 g Kokosraspel
- 1 EL Kokosöl
- 1 TL Zimt
- 1 EL Honig
- 1 Prise Salz
- 1 EL Kokosjoghurt, ungesüßt

Zubereitung:

1. Setze in einem kleinen Topf Wasser auf und koche den Quinoa gemäß den Anweisungen auf der Verpackung. Lasse den Quinoa abtropfen und stelle ihn beiseite.

2. Während der Quinoa kocht, erhitzt du das Kokosöl in einer Pfanne über mittlerer Hitze. Füge die gewürfelten Pfirsiche hinzu und brate sie für etwa 3-4 Minuten, bis sie leicht weich sind. Mische den Honig und Zimt darunter und lasse es weitere 2 Minuten köcheln.

3. Füge den gekochten Quinoa, gehackten Mandeln und Kokosraspeln in die Pfanne und vermische alles gut. Brate die Mischung unter Rühren für weitere 5 Minuten oder bis die Mischung leicht kross ist.

4. Nimm die Pfanne vom Herd und lasse das Crumble etwas abkühlen.

5. Serviere das Crumble in einer Schale und gib einen EL Kokosjoghurt darüber.

Mandel-Apfelkuchen

Zubereitungszeit: 40 Minuten
Portionen: 1 Person

Zutaten:

- 1 mittelgroßer Apfel, gewaschen, entkernt und in dünne Scheiben geschnitten
- 50 g Mandeln, grob gehackt
- 60 g Mandelmehl
- 1 Bio-Ei
- 50 ml Mandelmilch, ungesüßt
- 1 TL Vanille
- 2 EL Kokosöl, geschmolzen
- 1 TL Backpulver, glutenfrei
- 1 EL Chiasamen
- 1 EL Kokosraspel
- 1 Prise Salz
- 1 TL Zimt
- 1 EL frisch gepresster Zitronensaft von einer Bio-Zitrone

Zubereitung:

1. Heize deinen Ofen auf 180 Grad vor.

2. Mische in einer Schüssel das Mandelmehl, Backpulver, Chiasamen, Kokosraspel, Zimt und Salz.

3. In einer anderen Schüssel schlage das Ei auf und mische es mit der Mandelmilch, geschmolzenem Kokosöl, Vanille und Zitronensaft.

4. Gib die feuchten Zutaten zu den trockenen und rühre alles gut um, bis eine homogene Masse entsteht.

5. Füge die Apfelscheiben und gehackten Mandeln hinzu und rühre leicht um, bis sie gleichmäßig im Teig verteilt sind.

6. Gieße den Teig in eine vorbereitete Kuchenform (ca. 20 cm Durchmesser) und glätte die Oberfläche mit einem Spatel.

7. Backe den Kuchen im vorgeheizten Ofen für 25-30 Minuten, oder bis ein Zahnstocher sauber herauskommt, wenn man ihn in die Mitte des Kuchens steckt.

8. Lass den Kuchen einige Minuten in der Form abkühlen, bevor du ihn herausnimmst und auf einem Kuchengitter vollständig abkühlen lässt.

Schokoladen-Chia-Pudding

Zubereitungszeit: 15 Minuten
Portionen: 1 Person

Zutaten:

- 2 EL Chiasamen
- 150 ml Mandelmilch, ungesüßt
- 20 g Zartbitterschokolade
  (70% Kakao), grob gehackt
- 1 TL Kokosraspel
- 1/2 TL Vanille
- Eine kleine Prise Zimt
- 1 Bio-Zitrone, Abrieb
- 1 EL Beeren (z.B. Erdbeeren,
  Himbeeren oder Heidelbeeren) zum Garnieren

Zubereitung:

1. In einem kleinen Topf die Mandelmilch leicht erhitzen. Die gehackte
   Zartbitterschokolade hinzufügen und unter ständigem Rühren
   schmelzen lassen. Achte darauf, dass die Mischung nicht kocht!

2. Den Topf vom Herd nehmen und Vanille, Zimt sowie den Abrieb einer
   Bio-Zitrone einrühren. Alles gut vermischen, bis die Flüssigkeit eine
   gleichmäßige, schokoladige Konsistenz hat.

3. Die Chiasamen in eine Schüssel geben und die warme Schokoladen-
   Mandelmilch darüber gießen. Gut umrühren, sodass alle Chiasamen
   von der Flüssigkeit bedeckt sind.

4. Den Pudding für etwa 10 Minuten ruhen lassen und dann erneut umrühren. Dies verhindert, dass die Chiasamen am Boden kleben blei-
   ben.

5. Den Pudding für mindestens 2 Stunden, am besten über Nacht, in den
   Kühlschrank stellen.

6. Vor dem Servieren den Pudding nochmals gut umrühren. In ein Glas
   oder eine Schüssel geben, mit frischen Beeren garnieren und mit Kokosraspeln bestreuen. Lass es dir schmecken.

Beeren-Avocado-Mousse

Zubereitungszeit: 15 Minuten
Portionen: 1 Person

Zutaten:

- 1 reife Avocado, entkernt und geschält
- 50 g gemischte Beeren (z.B. Himbeere, Erdbeere, Heidelbeere), frisch oder tiefgekühlt
- 1 EL frischer Zitronensaft von einer Bio-Zitrone
- 1 TL Kokosmehl
- 50 ml Kokosmilch, ungesüßt
- 1 TL Chiasamen
- Eine Prise Vanille und Zimt
- 2 EL Mandelmilch oder Mandeljoghurt, ungesüßt

Zubereitung:

1. In einem Mixer oder mit einem Stabmixer die Avocado mit den Beeren fein pürieren, bis eine homogene Masse entsteht.

2. Frischen Zitronensaft, Kokosmehl und Kokosmilch hinzufügen und erneut mixen, bis alles gut miteinander vermengt ist.

3. Chiasamen, Vanille und Zimt in die Mischung einrühren.

4. Sollte das Mousse zu fest sein, je nach Wunsch Mandelmilch oder Mandeljoghurt hinzufügen und erneut mixen, bis die gewünschte Konsistenz erreicht ist.

5. Die Mousse in ein Glas oder eine Schale füllen und für etwa 10 Minuten im Kühlschrank ziehen lassen.

Mango-Kokos-Creme

Zubereitungszeit: 15 Minuten
Portionen: 1 Person

Zutaten:

- 1 Bio-Zitrone, Abrieb und Saft
- 1 reife Avocado, geschält und entkernt
- 2 EL Kokosmilch, ungesüßt
- 50 g Beeren (Erdbeere, Himbeere oder Blaubeere)
- 1 TL Kokosraspel
- 1 EL Chiasamen
- 1 TL Honig
- 1 TL Vanille, gemahlen
- Eine Prise Salz

Zubereitung:

1. Nimm die Zitrone und reibe zuerst die Schale ab, um den Zitronenabrieb zu erhalten. Halbiere die Zitrone und presse den Saft aus.

2. In einem Mixer die geschälte und entkernte Avocado zusammen mit dem Zitronensaft und -abrieb hinzufügen.

3. Füge die Kokosmilch, Beeren, Kokosraspel, Chiasamen und Vanille hinzu. Mische alles zu einer gleichmäßigen Creme.

4. Abschmecken und bei Bedarf mit Honig süßen und eine Prise Salz hinzufügen. Die Creme sollte eine geschmeidige Konsistenz haben.

5. Fülle die Creme in eine Schale und streue bei Bedarf noch ein paar Kokosraspel und Beeren darüber.

Zitronen-Basilikum-Sorbet

Zubereitungszeit: 20 Minuten inkl. Gefrierzeit
Portionen: 1 Person

Zutaten:

- 1 Bio-Zitrone, Saft und Abrieb
- 2 EL frischer Basilikum, fein gehackt
- 50 ml Wasser
- 2 EL Mandelmus
- 2 EL Honig oder Agavendicksaft
- Eine Prise Salz
- Einige frische Heidelbeeren für die Garnierung

Zubereitung:

1. In einem kleinen Topf das Wasser und Honig oder Agavendicksaft erhitzen. Gut umrühren, bis sich alles aufgelöst hat.

2. Den Topf vom Herd nehmen und den Zitronensaft sowie den Zitronenabrieb hinzufügen.

3. Nun das Mandelmus einrühren, sodass eine glatte Masse entsteht. Dann eine Prise Salz hinzufügen.

4. Lass die Mischung etwas abkühlen und rühre dann den fein gehackten Basilikum unter.

5. Gieße die Flüssigkeit in eine flache, gefrierfeste Schale und stelle sie für mindestens 4 Stunden in den Gefrierschrank. Zwischendurch immer mal wieder umrühren, damit sich keine Eiskristalle bilden.

6. Wenn das Sorbet die gewünschte Konsistenz hat, nimm es aus dem Gefrierschrank und lasse es etwa 10 Minuten antauen.

7. Mit einem Eisportionierer Kugeln formen und mit frischen Heidelbeeren garnieren.

Dunkle Schokolade mit Meersalz und Mandeln

Zubereitungszeit: 25 Minuten
Portionen: 1 Person

Zutaten:

- 40 g Zartbitterschokolade (70% Kakao)
- 1 TL Kokosöl
- Eine Prise Meersalz
- 5 Mandeln, grob gehackt
- Einige frische Himbeeren (optional)

Zubereitung:

1. In einem kleinen Topf das Kokosöl bei niedriger Hitze schmelzen.
2. Sobald das Kokosöl flüssig ist, die Zartbitterschokolade hinzufügen und ständig rühren, bis sie vollständig geschmolzen ist.
3. Eine kleine Backform oder einen Teller mit Backpapier auslegen.
4. Die geschmolzene Schokoladenmischung vorsichtig darauf gießen und gleichmäßig verteilen, sodass eine dünne Schicht entsteht.
5. Die gehackten Mandeln gleichmäßig über die noch flüssige Schokolade streuen.
6. Mit einer Prise Meersalz bestreuen.
7. Wenn du möchtest, einige frische Himbeeren auf die Schokolade legen, um einen fruchtigen Geschmack hinzuzufügen.
8. Den Teller oder die Form in den Kühlschrank stellen und mindestens 20 Minuten aushärten lassen.
9. Sobald die Schokolade fest ist, aus dem Kühlschrank nehmen und in gewünschte Stücke brechen.

Vanille-Hirse-Pudding

Zubereitungszeit: 25 Minuten
Portionen: 1 Person

Zutaten:

- 50 g Hirse, gewaschen
- 250 ml Kokosmilch, ungesüßt
- 1 Bio-Zitrone, Abrieb und ein
  wenig Saft
- 1 TL Vanilleextrakt
- 1 EL Chiasamen
- Eine Prise Salz
- Frische Beeren (z.B. Erdbeeren, Himbeeren oder Blaubeeren) zum Garnieren
- 1 EL Kokosraspel zum Bestreuen

Zubereitung:

1. Gib die gewaschene Hirse in einen Topf und füge die Kokosmilch hinzu.

2. Lass die Hirse-Kokosmilch-Mischung unter gelegentlichem Rühren auf mittlerer Hitze aufkochen.

3. Sobald die Mischung kocht, reduziere die Hitze und lasse sie 15 Minuten langsam köcheln, bis die Hirse weich ist und die Flüssigkeit größtenteils aufgenommen wurde.

4. Füge während des Kochens den Zitronenabrieb, Zitronensaft und den Vanilleextrakt hinzu.

5. Wenn die Hirse gar ist, nimm den Topf vom Herd und rühre die Chiasamen unter. Lass den Pudding 5 Minuten quellen, damit er eindickt und die Chiasamen aufquellen können.

6. Mische den Pudding erneut gut durch und fülle ihn in eine Schale oder ein Glas. Lass ihn kurz abkühlen.

7. Garniere den Pudding vor dem Servieren mit den frischen Beeren und bestreue ihn mit Kokosraspeln. Guten Appetit.

Blaubeer-Buchweizen-Tarte

Zubereitungszeit: 40 Minuten
Portionen: 1 Person

Zutaten:

- 50 g Buchweizenmehl
- 20 g Mandelmehl
- 1 Bio-Ei
- 1 EL Kokosöl
- 2 TL Chiasamen
- 50 ml ungesüßte Mandelmilch
- 50 g Heidelbeeren, frisch
- 1 TL Vanille
- 1 EL Hanfsamen
- Eine Prise Salz
- 1 EL Zartbitterschokolade (70% Kakao), grob gehackt

Zubereitung:

1. Beginne damit, deinen Ofen auf 180 Grad vorzuheizen.

2. In einer Schüssel mischst du das Buchweizenmehl, Mandelmehl, Chiasamen und die Prise Salz.

3. In einer anderen Schüssel schlägst du das Ei auf, gibst das Kokosöl, die Mandelmilch und Vanille dazu und verrührst alles gut miteinander.

4. Füge nun die flüssigen Zutaten zu den trockenen hinzu und rühre alles zu einem glatten Teig.

5. Hebe vorsichtig die Heidelbeeren und die gehackte Zartbitterschokolade unter.

6. Gieße den Teig in eine kleine, gefettete Tarteform (ca. 12 cm Durchmesser) und streue die Hanfsamen darüber.

7. Backe die Tarte für etwa 25 Minuten im Ofen, bis sie fest und goldbraun ist.

8. Lass die Tarte einige Minuten abkühlen, bevor du sie aus der Form nimmst.

Erdbeeren mit Mandelcreme

Zubereitungszeit: 15 Minuten
Portionen: 1 Person

Zutaten:

- 100 g frische Erdbeeren, gewaschen und halbiert
- 50 g Mandeln, grob gehackt
- 2 EL Mandelmus
- 150 ml Mandelmilch, ungesüßt
- 1 TL Honig (optional)
- Eine Prise Vanille
- Ein paar Minzblätter zum Garnieren

Zubereitung:

1. In einem Mixer oder mit einem Pürierstab die Mandeln, Mandelmus, Mandelmilch, Vanille und Honig (falls verwendet) zu einer glatten Creme verarbeiten.

2. Die Hälfte der Erdbeerhälften beiseitelegen. Den Rest in kleine Stücke schneiden und unter die Mandelcreme heben.

3. Die Mandelcreme in eine Dessertschale geben und mit den beiseitegelegten Erdbeerhälften garnieren.

4. Mit ein paar gehackten Mandeln und Minzblättern obendrauf dekorieren.

Apfel-Zimt-Gelée

Zubereitungszeit: 25 Minuten
Portionen: 1 Person

Zutaten:

- 2 Äpfel, gewaschen und grob gehackt
- 250 ml Wasser
- 1 TL frischer Ingwer, fein gerieben
- 1 TL Zimt, gemahlen
- 2 EL Chiasamen
- 1 EL Kokosmehl
- 1 TL frischer Bio-Zitronensaft
- Ein paar Mandeln, grob gehackt (zum Dekorieren)

Zubereitung:

1. Gib die grob gehackten Äpfel in einen Topf zusammen mit dem Wasser, Ingwer und Zimt. Lass alles auf mittlerer Hitze etwa 15-20 Minuten köcheln, bis die Äpfel weich sind.

2. Sobald die Äpfel weich sind, zerdrücke sie mit einer Gabel oder einem Kartoffelstampfer zu einem Brei. Falls die Masse zu trocken ist, füge noch ein wenig Wasser hinzu.

3. Nimm den Topf vom Herd und rühre die Chiasamen und das Kokosmehl unter, bis eine gelartige Konsistenz entsteht.

4. Füge nun den Zitronensaft hinzu und rühre gut um.

5. Gieße das Gelée in ein sauberes Glas und lasse es abkühlen. Wenn es komplett abgekühlt ist, streue ein paar grob gehackte Mandeln darüber.

Kokos-Kürbis-Pie

Zubereitungszeit: 35 Minuten
Portionen: 1 Person

Zutaten:

- 100 g Kürbis, püriert
- 2 EL Kokosmehl
- 2 EL Mandelmehl
- 1 Bio-Ei
- 1 TL Kokosöl, geschmolzen
- 50 ml Kokosmilch, ungesüßt
- 1 TL Zimt
- 1 EL frische Heidelbeeren
- 1 TL Vanille
- 1 EL Mandeln, gehackt
- 1 TL Chiasamen

Zubereitung:

1. Heize deinen Ofen auf 180 Grad vor.

2. In einer mittelgroßen Schüssel vermischt du Kürbispüree, Kokosmilch, Kokosöl und das Ei miteinander. Rühre alles gut durch, bis eine homogene Masse entsteht.

3. Nun gibst du Kokosmehl, Mandelmehl, Zimt und Vanille dazu und vermengst alles sorgfältig.

4. Nimm eine kleine Backform (ca. 18 cm Durchmesser) und lege sie mit Backpapier aus. Verteile die Masse gleichmäßig in der Form.

5. Streue die gehackten Mandeln, Heidelbeeren und Chiasamen über die Masse.

6. Backe den Pie im vorgeheizten Ofen für ca. 25-30 Minuten oder bis die Oberfläche fest und leicht goldbraun ist.

7. Lass den Pie ein paar Minuten abkühlen, bevor du ihn servierst.

Bananen-Kokos-Riegel

Zubereitungszeit: 15 Minuten inkl. 30 Minuten Kühlzeit
Portionen: 1 Person

Zutaten:

- 1 grüne Banane (nicht komplett ausgereift, damit sie zuckerärmer ist), geschält und in Scheiben geschnitten
- 50 g Kokosraspel
- 2 EL Chiasamen
- 2 EL Kokosöl, geschmolzen
- 1 TL Zimt
- 1 TL Vanille
- Eine Prise Salz

Zubereitung:

1. Die Bananenscheiben in eine Schüssel geben und mit einer Gabel oder einem Kartoffelstampfer zerdrücken, bis ein gleichmäßiges Püree entsteht.

2. Kokosraspel, Chiasamen, geschmolzenes Kokosöl, Zimt und Vanille hinzufügen. Gut vermischen, bis alles gut miteinander vermischt ist.

3. Eine Form oder ein kleines Blech mit Backpapier auslegen und die Bananen-Kokos-Mischung darauf verteilen. Dabei darauf achten, dass die Masse gleichmäßig verteilt ist und eine Dicke von etwa 1 cm hat.

4. Die Form für 30 Minuten in den Kühlschrank stellen, damit die Masse fest wird.

5. Nach der Kühlzeit die Masse aus dem Kühlschrank nehmen und in Riegel schneiden.

Himbeer-Mandel-Törtchen

Zubereitungszeit: 25 Minuten
Portionen: 1 Person

Zutaten:

- 50 g Mandelmehl
- 1 EL Kokosöl, geschmolzen
- 1 EL Hafermilch, ungesüßt
- 1 TL Chiasamen
- 1 Bio-Ei
- 1 EL Kokosraspel
- 1 TL frische gehackte Minze
- 50 g Himbeeren, gewaschen
- 1 EL Walnüsse, gehackt
- 1 EL Zartbitterschokolade (70% Kakao), grob gehackt

Zubereitung:

1. Den Ofen auf 180 Grad vorheizen. Eine kleine Tarte- oder Muffinform leicht mit Kokosöl einfetten.

2. In einer Schüssel Mandelmehl, geschmolzenes Kokosöl, Hafermilch und das Ei gut vermischen, bis ein glatter Teig entsteht.

3. Chiasamen, Kokosraspel und gehackte Minze zum Teig hinzufügen und gut unterheben.

4. Die Teigmischung in die vorbereitete Form geben und glatt streichen.

5. Himbeeren gleichmäßig über den Teig verteilen. Walnüsse und Zartbitterschokolade darüber streuen.

6. Das Törtchen im vorgeheizten Ofen ca. 15-20 Minuten backen, bis es fest ist und eine goldene Farbe annimmt.

7. Danach aus dem Ofen nehmen und leicht abkühlen lassen.

Glutenfrei

Mandel-Beeren-Muffins

Zubereitungszeit: 25 Minuten
Portionen: 1 Person

Zutaten:

- 30 g Mandelmehl
- 10 g Kokosmehl
- 1 Bio-Ei
- 25 ml Mandelmilch, ungesüßt
- 1 TL Kokosöl
- 1/2 TL Backpulver, glutenfrei
- Eine Prise Salz
- Eine Prise Vanille
- 15 g Beerenmischung (Himbeere, Blaubeere, Erdbeere)
- 5 g Mandelsplitter

Zubereitung:

1. Den Ofen auf 180 Grad vorheizen. Ein Muffinblech mit Papierförmchen auslegen oder leicht einfetten.
2. In einer Schüssel Mandelmehl, Kokosmehl, Backpulver, Salz und Vanille miteinander vermengen.
3. In einer anderen Schüssel das Ei verquirlen. Mandelmilch und Kokosöl hinzufügen und gut verrühren.
4. Die feuchten Zutaten zu den trockenen Zutaten geben und alles zu einem gleichmäßigen Teig verrühren.
5. Die Beerenmischung unterheben.
6. Den Teig gleichmäßig in die Muffinförmchen verteilen und mit Mandelsplittern bestreuen.
7. Im vorgeheizten Ofen ca. 15-18 Minuten backen oder bis ein Holzstäbchen, das in die Mitte eines Muffins gesteckt wird, sauber herauskommt.
8. Aus dem Ofen nehmen und auf einem Kuchengitter abkühlen lassen.

Buchweizen-Pizza mit Gemüse

Zubereitungszeit: 40 Minuten
Portionen: 1 Person

Zutaten:

- 120 g Buchweizenmehl
- 1 TL Backpulver, glutenfrei
- 80 ml Wasser
- 1 EL natives Olivenöl extra
- 1/2 TL Salz
- 3 EL Avocadomus als Basis (anstelle von Tomatensauce)
- 3 frische Champignons, in Scheiben geschnitten
- 4 Brokkoliröschen, klein gehackt
- 1/4 rote Paprika, in dünne Streifen geschnitten (Nur in geringen Mengen erlaubt, abhängig von individueller Verträglichkeit)
- 1 EL Rucola, gewaschen
- 3 Artischockenherzen, geviertelt
- 2 TL frischer Basilikum, gehackt
- 2 EL Mandelmus, leicht erwärmt
- 1 Bio-Ei (optional)
- Frischer schwarzer Pfeffer nach Geschmack

Zubereitung:

1. Heize deinen Ofen auf 180 Grad vor.
2. In einer Schüssel Buchweizenmehl, Backpulver und Salz vermengen. Wasser und Olivenöl hinzufügen und zu einem glatten Teig verkneten.
3. Den Teig auf einem mit Backpapier ausgelegten Backblech ausrollen.
4. Die Oberfläche des Teigs gleichmäßig mit Avocadomus bestreichen.
5. Jetzt belege die Pizza mit Champignons, Brokkoliröschen, Paprikastreifen und Artischockenherzen.
6. Falls gewünscht, ein Bio-Ei in die Mitte der Pizza schlagen.
7. Die Pizza für 20-25 Minuten im Ofen backen, oder bis der Rand knusprig ist und das Ei (falls verwendet) gestockt ist.
8. Aus dem Ofen nehmen und mit Rucola und frischem Basilikum bestreuen.
9. Mandelmus über die Pizza träufeln und mit frischem schwarzen Pfeffer abschmecken.

Zitronen-Mandel-Kuchen

Zubereitungszeit: 40 Minuten
Portionen: 1 Person

Zutaten:

- 1 Bio-Zitrone, gerieben und Saft ausgepresst
- 60 g Mandeln, fein gemahlen
- 1 EL Chiasamen
- 3 EL Wasser
- 50 ml Mandelmilch, ungesüßt
- 30 g Kokosöl, geschmolzen
- 30 g Kokosraspel
- 2 EL Haferflocken, glutenfrei
- 2 TL Backpulver, glutenfrei
- 1 EL Kokosmehl
- 1 EL Honig oder selbstgemachter Fruchtbrei aus zuckerarmen Obstsorten (optional)

Zubereitung:

1. Heize deinen Backofen auf 180 Grad vor.

2. In einer kleinen Schüssel die Chiasamen mit 3 EL Wasser vermengen und 10 Minuten quellen lassen, bis eine gelartige Konsistenz entsteht.

3. Die geriebene Zitronenschale, den Zitronensaft, gemahlene Mandeln, Kokosraspel, Haferflocken, Backpulver und Kokosmehl in eine Rührschüssel geben.

4. Das Kokosöl in einem kleinen Topf oder in der Mikrowelle schmelzen und zur Mischung hinzufügen.

5. Mandelmilch, Chia-Gel und optional den Honig oder Fruchtbrei hinzufügen und alles gut verrühren, bis ein glatter Teig entsteht.

6. Eine kleine Kuchenform oder Auflaufform einfetten oder mit Backpapier auslegen und den Teig hineingießen.

7. Im vorgeheizten Backofen für etwa 25-30 Minuten backen oder bis ein Zahnstocher sauber herauskommt.

8. Den Kuchen aus dem Ofen nehmen und auf einem Gitter komplett auskühlen lassen.

Hirse-Gemüse-Burger

Zubereitungszeit: 30 Minuten
Portionen: 1 Person

Zutaten:

- 50 g Hirse, gewaschen und abgetropft
- 200 ml Wasser
- 1 kleine Karotte, fein gerieben
- 2 EL Zucchini, fein gerieben
- 1 EL frische Champignons, fein gehackt
- 1 Bio-Ei
- 1 EL Mandelmehl
- 1 TL frischer Ingwer, fein gehackt
- Salz und schwarzer Pfeffer nach Geschmack
- 1 TL frischer Basilikum, fein gehackt
- 2 TL Kokosöl zum Braten
- 1 Handvoll Feldsalat zum Servieren
- 1 EL Avocadomus zum Servieren

Zubereitung:

1. Die Hirse in einem Topf mit Wasser zum Kochen bringen. Die Hitze reduzieren und etwa 15 Minuten köcheln lassen, bis das Wasser vollständig aufgenommen ist und die Hirse weich ist. Danach vom Herd nehmen und abkühlen lassen.

2. In einer Schüssel die abgekühlte Hirse, geriebene Karotte, Zucchini, Champignons, Ingwer und Basilikum mischen. Gut vermengen.

3. Das Ei hinzufügen und gründlich vermischen. Mandelmehl hinzufügen und die Masse zu einem festen Teig verarbeiten. Mit Salz und Pfeffer abschmecken.

4. Aus der Masse einen Burger-Pattie formen.

5. Das Kokosöl in einer Pfanne erhitzen. Den Burger-Pattie hineingeben und von beiden Seiten goldbraun anbraten, etwa 4-5 Minuten pro Seite.

6. Den Burger auf einen Teller legen, mit Feldsalat belegen und einen EL Avocadomus draufgeben.

Bananen-Kokosnuss-Brot

Zubereitungszeit: 40 Minuten
Portionen: 1 kleines Brot

Zutaten:

- 1 kleine grüne Banane, püriert
- 50 g Kokosmehl
- 20 g Kokosraspel
- 40 ml Kokosmilch, ungesüßt
- 1 Bio-Ei
- 1 TL Kokosöl, geschmolzen
- 1/2 TL Backpulver, glutenfrei
- Eine Prise Salz
- Eine Prise Zimt
- 1 EL Chiasamen, optional

Zubereitung:

1. Heize deinen Backofen auf 180 Grad vor.

2. Nimm eine kleine Backform und fette sie leicht mit Kokosöl ein.

3. In einer Schüssel vermische die pürierte Banane, Kokosmehl, Kokosraspel und Backpulver.

4. Gib in eine andere Schüssel das Ei, geschmolzenes Kokosöl und Kokosmilch. Rühre alles gut durch.

5. Vermische nun die feuchten Zutaten mit den trockenen Zutaten. Rühre so lange, bis ein gleichmäßiger Teig entsteht. Falls du Chiasamen hinzufügen möchtest, kannst du sie jetzt einrühren.

6. Gieße den Teig in die vorbereitete Backform und streiche ihn glatt.

7. Backe das Brot im vorgeheizten Backofen für etwa 25-30 Minuten oder bis ein Stäbchen, das in die Mitte gesteckt wird, sauber herauskommt.

8. Lass das Brot in der Form für etwa 10 Minuten abkühlen, dann stürze es auf ein Gitter und lass es vollständig abkühlen.

Kürbis-Kokos-Pfannkuchen

Zubereitungszeit: 20 Minuten
Portionen: 1 Person

Zutaten:

- 100 g Kürbispüree (aus gekochtem und püriertem Kürbis)
- 50 ml Kokosmilch, ungesüßt
- 1 Bio-Ei
- 40 g Kokosmehl
- 1 EL Kokosraspel
- 1 TL Backpulver, glutenfrei
- 1 TL Vanille
- 1/2 TL Zimt
- 1 Prise Salz
- Kokosöl zum Anbraten
- Frische Beeren (z.B. Himbeeren, Heidelbeeren) zum Garnieren

Zubereitung:

1. In einer Schüssel das Kürbispüree, Kokosmilch und das Ei gründlich miteinander verrühren, bis eine glatte Masse entsteht.

2. In einer anderen Schüssel Kokosmehl, Kokosraspel, Backpulver, Vanille, Zimt und Salz vermengen. Die trockenen Zutaten zur Kürbismischung geben und gut unterrühren, bis ein gleichmäßiger Teig entsteht.

3. Eine Pfanne auf mittlere Hitze erhitzen und etwas Kokosöl hineingeben.

4. Für jeden Pfannkuchen etwa eine kleine Kelle Teig in die Pfanne geben und 2-3 Minuten von jeder Seite goldbraun braten.

5. Die Pfannkuchen auf einen Teller legen und mit frischen Beeren garnieren. Guten Appetit!

Zucchini-Chia-Brötchen

Zubereitungszeit: 25 Minuten
Portionen: 1 Person

Zutaten:

- 100 g Zucchini, grob geraspelt
- 2 EL Chiasamen
- 2 Bio-Eier
- 100 g Mandelmehl
- 50 g Kokosmehl
- 1 TL Backpulver, glutenfrei
- 1/4 TL Kurkuma, gemahlen
- Eine Prise Salz
- 1 EL Kokosöl
- 1 EL Sonnenblumenkerne

Zubereitung:

1. Den Ofen auf 180 Grad vorheizen.

2. In einer Schüssel die Chiasamen mit 5 EL Wasser vermengen und etwa 10 Minuten quellen lassen, bis eine gelartige Konsistenz entsteht.

3. In der Zwischenzeit die Zucchini grob raspeln und das überschüssige Wasser mit Hilfe eines Küchentuchs ausdrücken.

4. Die Bio-Eier in eine Schüssel aufschlagen und leicht verquirlen. Dann Mandel- und Kokosmehl, Backpulver, Kurkuma und Salz hinzufügen und gut vermischen.

5. Das gequollene Chia-Gel und die geraspelte Zucchini zur Masse hinzufügen und gut unterheben.

6. Mit angefeuchteten Händen vier Brötchen formen und auf ein mit Backpapier belegtes Backblech legen.

7. Die Brötchen mit Kokosöl bestreichen und Sonnenblumenkerne darüberstreuen.

8. Im vorgeheizten Ofen etwa 15-20 Minuten backen, bis sie goldbraun sind und beim Klopfen auf die Unterseite hohl klingen.

9. Die Brötchen aus dem Ofen nehmen und auf einem Kuchengitter aus- kühlen lassen.

Apfel-Walnuss-Cookies

Zubereitungszeit: 20 Minuten
Portionen: 1 Person

Zutaten:

- 1 mittelgroßer Apfel, gewür-felt
- 50 g Walnüsse, grob gehackt
- 70 g Mandelmehl
- 20 g Kokosraspel
- 1 Bio-Ei
- 2 EL Kokosöl, geschmolzen
- 1 TL Vanilleextrakt
- 1 TL Zimt
- 1/2 TL Backpulver, glutenfrei
- Eine Prise Schwarzer Pfeffer

Zubereitung:

1. Du beginnst, indem du deinen Ofen auf 180 Grad vorheizt und ein Backblech mit Backpapier auslegst.

2. In einer mittelgroßen Schüssel gibst du das Mandelmehl, die Kokosraspel, den Zimt und das Backpulver hinein. Diese trockenen Zutaten vermischst du gut miteinander.

3. In einer separaten Schüssel schlägst du das Ei auf und gibst das geschmolzene Kokosöl und den Vanilleextrakt hinzu. Diese Mischung rührst du, bis alles gut verbunden ist.

4. Die feuchten Zutaten fügst du nun zu den trockenen Zutaten hinzu und mischst alles gut durch. Anschließend fügst du die Apfelstücke und die gehackten Walnüsse hinzu und vermengst alles zu einem gleichmäßigen Teig.

5. Mit Hilfe von zwei Esslöffeln setzt du kleine Portionen des Teigs auf das vorbereitete Backblech.

6. Die Cookies schiebst du in den vorgeheizten Ofen und lässt sie dort für etwa 12-15 Minuten goldbraun backen.

7. Nach der Backzeit nimmst du die Cookies aus dem Ofen und lässt sie kurz auf dem Blech auskühlen, bevor du sie auf ein Kuchengitter legst, um sie vollständig auskühlen zu lassen. Guten Appetit.

Polenta-Gemüse-Auflauf

Zubereitungszeit: 30 Minuten
Portionen: 1 Person

Zutaten:

- 70 g Polenta (Maisgrieß)
- 250 ml Wasser
- 1 TL natives Olivenöl extra
- 1 kleine Zucchini, gewürfelt
- 1 kleine Karotte, gewürfelt
- 3-4 frische Champignons, in Scheiben geschnitten
- 1 Handvoll Spinat, gewaschen
- 1 kleine Knoblauchzehe, fein gehackt
- 50 ml Kokosmilch, ungesüßt
- 1 TL frischer Rosmarin, gehackt
- Salz und Schwarzer Pfeffer nach Geschmack
- 1 EL Mandelsplitter zum Bestreuen

Zubereitung:

1. In einem kleinen Topf das Wasser zum Kochen bringen. Langsam die Polenta einrühren und ständig rühren, bis sie eindickt. Bei niedriger Hitze 5 Minuten köcheln lassen, bis sie cremig ist. Vom Herd nehmen und beiseite stellen.

2. In einer Pfanne das Olivenöl erhitzen. Knoblauch, Zucchini, Karotte und Champignons hinzufügen. 5-7 Minuten anbraten, bis das Gemüse leicht gebräunt und weich ist.

3. Den Spinat hinzufügen und so lange dünsten, bis er zusammenfällt. Rosmarin, Salz und Pfeffer hinzufügen und gut vermengen.

4. Die Gemüsemischung in eine kleine Auflaufform geben. Die Polenta gleichmäßig darüber verteilen.

5. Die Kokosmilch über die Polenta gießen und mit Mandelsplittern bestreuen.

6. Im vorgeheizten Ofen bei 200 Grad für 15-20 Minuten backen, bis die Oberfläche goldbraun ist. Danach kurz abkühlen lassen.

Amaranth-Gemüse-Pfanne

Zubereitungszeit: 25 Minuten
Portionen: 1 Person

Zutaten:

- 70 g Amaranth, gewaschen und abgetropft
- 150 ml Wasser
- 1 kleine Karotte, gewürfelt
- 1/2 Zucchini, gewürfelt
- 5 frische Champignons, in Scheiben geschnitten
- 1/2 rote Paprika, gewürfelt (Nur in geringen Mengen erlaubt, abhängig von individueller Verträglichkeit)
- 2 EL natives Olivenöl extra
- Salz und schwarzer Pfeffer nach Geschmack
- 1 TL frischer Rosmarin, fein gehackt
- 1 TL frischer Thymian, fein gehackt
- 2 EL gehackte Walnüsse
- 2 EL ungesüßte Kokosmilch

Zubereitung:

1. In einem kleinen Topf Wasser zum Kochen bringen. Den Amaranth hinzugeben und auf mittlerer Stufe köcheln lassen, bis er das Wasser aufgenommen hat und weich ist, etwa 15 Minuten.

2. In einer Pfanne Olivenöl erhitzen. Karotten, Zucchini, Champignons und Paprika hinzufügen. Das Gemüse anbraten, bis es zart und leicht goldbraun ist.

3. Den gekochten Amaranth zum Gemüse in die Pfanne geben und gut vermengen. Frischen Rosmarin und Thymian unterrühren und mit Salz und Pfeffer abschmecken.

4. Die Pfanne vom Herd nehmen und die gehackten Walnüsse unterheben.

5. In eine Schale geben und mit einem Schuss Kokosmilch beträufeln. Lass es dir schmecken.

Beilagen

Gebratener Blumenkohl

Zubereitungszeit: 20 Minuten
Portionen: 1 Person

Zutaten:

- 200 g Blumenkohl, in kleine Röschen geschnitten
- 1 EL Kokosöl
- 1 TL Kurkuma, gemahlen
- 1/2 TL Schwarzer Pfeffer
- 2 EL Mandeln, grob gehackt
- 1 EL Frische Petersilie, fein gehackt
- 1/2 Bio-Zitrone, nur der Saft
- Salz nach Geschmack

Zubereitung:

1. Erhitze in einer Pfanne das Kokosöl über mittlerer Hitze.

2. Füge die Blumenkohl-Röschen hinzu und brate sie, bis sie beginnen, goldbraun zu werden.

3. Streue den Kurkuma und den schwarzen Pfeffer über den Blumenkohl und rühre gut um, damit alle Röschen gleichmäßig gewürzt sind.

4. Lasse den Blumenkohl noch weitere 5-7 Minuten braten, bis er weich, aber noch bissfest ist.

5. In den letzten 2 Minuten der Garzeit füge die gehackten Mandeln hinzu und röste sie leicht an.

6. Nimm die Pfanne vom Herd und mische den frisch gepressten Zitronensaft und die Petersilie unter den Blumenkohl.

7. Mit Salz abschmecken und servieren.

Würzige Kürbiswürfel

Zubereitungszeit: 25 Minuten
Portionen: 1 Person

Zutaten:

- 200 g Kürbis, gewaschen und gewürfelt
- 2 EL natives Olivenöl extra
- 1 TL frischer Ingwer, fein gerieben
- 1 kleine Knoblauchzehe, fein gehackt
- 1/4 TL Kurkuma
- 1/2 TL Schwarzer Pfeffer, gemahlen
- Eine Prise Salz
- 1 EL frische Petersilie, fein gehackt

Zubereitung:

1. Den Kürbis in gleich große Würfel schneiden.

2. In einer Pfanne das Olivenöl erhitzen. Den frischen Ingwer und Knoblauch hinzugeben und kurz anbraten, bis sie duftend sind.

3. Nun die Kürbiswürfel in die Pfanne geben und bei mittlerer Hitze ca. 10 Minuten anbraten, bis sie weich und goldbraun sind.

4. Kurkuma, schwarzen Pfeffer und Salz hinzufügen und alles gut vermischen. Weitere 5 Minuten braten.

5. Vom Herd nehmen und die fein gehackte Petersilie darüber streuen.

6. In einer Schüssel oder auf einem Teller anrichten und servieren.

Dill-Gurken-Salat

Zubereitungszeit: 10 Minuten
Portionen: 1 Person

Zutaten:

- 1 mittelgroße Gurke, gewaschen und in dünne Scheiben geschnitten
- 2 EL frischer Dill, fein gehackt
- 1 Bio-Zitrone, Schale abgerieben und Saft ausgepresst
- 1 EL natives Olivenöl extra
- 1 kleine rote Beete, gewaschen und in dünne Scheiben geschnitten
- 1 Handvoll frischer Spinat, gewaschen und grob gehackt
- 1 EL Sonnenblumenkerne
- Eine Prise schwarzer Pfeffer
- Eine Prise Salz

Zubereitung:

1. In einer großen Schüssel die Gurkenscheiben, den gehackten Dill, den Spinat und die rote Beete miteinander vermengen.

2. In einer kleinen Schüssel das Olivenöl, den Zitronensaft, die Zitronenschale, den schwarzen Pfeffer und das Salz gut miteinander vermengen, bis ein Dressing entsteht.

3. Das Dressing über den Salat gießen und alles gut miteinander vermischen, damit der Salat gleichmäßig gewürzt ist.

4. Den Salat auf einen Teller geben und mit den Sonnenblumenkernen bestreuen.

Gebackener Rosenkohl mit Knoblauch

Zubereitungszeit: 25 Minuten
Portionen: 1 Person

Zutaten:

- 200 g Rosenkohl, gewaschen und halbiert
- 2 EL natives Olivenöl extra
- 1 frische Knoblauchzehe, fein gehackt
- 1 TL Meersalz
- 1 TL frisch gemahlener schwarzer Pfeffer
- 1 EL frische Petersilie, gehackt
- 1 TL Zitronensaft von einer Bio-Zitrone
- 1 TL Hanfsamen

Zubereitung:

1. Heize deinen Ofen auf 200 Grad vor.

2. In einer großen Schüssel vermengst du den halbierten Rosenkohl mit Olivenöl, gehacktem Knoblauch, Meersalz und schwarzem Pfeffer. Sorge dafür, dass der Rosenkohl gut mit dem Öl und den Gewürzen bedeckt ist.

3. Lege ein Backblech mit Backpapier aus und verteile den Rosenkohl gleichmäßig darauf.

4. Backe den Rosenkohl im vorgeheizten Ofen für etwa 15-20 Minuten, bis er goldbraun und knusprig ist. Wende den Rosenkohl nach etwa 10 Minuten, damit er gleichmäßig gart.

5. Nimm den gebackenen Rosenkohl aus dem Ofen und beträufle ihn mit Zitronensaft. Bestreue ihn anschließend mit Hanfsamen und frischer Petersilie. Guten Appetit.

Marinierte Rote Bete-Scheiben

Zubereitungszeit: 20 Minuten
Portionen: 1 Person

Zutaten:

- 1 mittelgroße Rote Beete, geschält und in feine Scheiben geschnitten
- 100 ml natives Olivenöl extra
- 50 ml frisch gepresster Saft von Bio-Zitronen
- 1 EL frisch gehackter Dill
- 1 EL frisch gehackter Basilikum
- 1 TL Meerrettich, fein gerieben
- Salz und schwarzer Pfeffer nach Geschmack

Zubereitung:

1. Die Roten Bete Scheiben gleichmäßig anordnen und in eine flache Schale oder einen Teller legen.

2. In einer kleinen Schüssel Olivenöl, Zitronensaft, Dill, Basilikum und Meerrettich miteinander vermischen.

3. Mit Salz und Pfeffer abschmecken und gut verrühren, bis sich alles gut verbunden hat.

4. Die Marinade gleichmäßig über die Rote Bete-Scheiben gießen.

5. Abdecken und für mindestens 15 Minuten ziehen lassen, damit die Rote Bete den Geschmack der Marinade aufnehmen kann. Am besten schmeckt es, wenn es über Nacht im Kühlschrank durchzieht.

6. Die Rote Bete-Scheiben aus der Marinade nehmen und auf einem Teller anrichten. Mit frischen Kräutern garnieren und servieren.

Spinat-Mandel-Pesto

Zubereitungszeit: 15 Minuten
Portionen: 1 Person

Zutaten:

- 100 g frischer Spinat, gewaschen und grob gehackt
- 40 g Mandeln, grob gehackt
- 2 Bio-Zitronen, Abrieb und Saft
- 1 Knoblauchzehe, fein gehackt
- 50 ml natives Olivenöl extra
- 1 EL Hanfsamen
- Salz und schwarzer Pfeffer, nach Geschmack
- 1 EL Hefeflocken (optional)

Zubereitung:

1. Die Mandeln in einer Pfanne ohne Öl bei mittlerer Hitze anrösten, bis sie leicht goldbraun sind. Dabei ständig bewegen, um ein Anbrennen zu verhindern.

2. Den gerösteten Mandeln, Spinat, Zitronenabrieb, Zitronensaft, Knoblauch und Hanfsamen in einen Mixer oder eine Küchenmaschine geben.

3. Während die Maschine läuft, das Olivenöl langsam hinzufügen, bis alles gut vermischt ist und eine glatte Paste entsteht.

4. Das Pesto mit Salz und Pfeffer abschmecken und, wenn gewünscht, die Hefeflocken hinzufügen, um einen leicht käsigen Geschmack zu erhalten.

5. Das Pesto in ein sauberes Glas geben und im Kühlschrank aufbewahren. Vor Gebrauch gut umrühren.

Knoblauch-Kohlrabi-Püree

Zubereitungszeit: 20 Minuten
Portionen: 1 Person

Zutaten:

- 1 mittelgroßer Kohlrabi, geschält und in Würfel geschnitten
- 2 Knoblauchzehen, geschält und halbiert
- 1 EL natives Olivenöl extra
- 50 ml Hafermilch, ungesüßt
- 1 EL frischer Basilikum, fein gehackt
- Salz und schwarzer Pfeffer nach Geschmack
- 1 TL frischer Bio-Zitronensaft
- 1 TL Chiasamen zum Bestreuen (optional)

Zubereitung:

1. In einem mittelgroßen Topf Wasser zum Kochen bringen. Die Kohlrabiwürfel und Knoblauchzehen hinzufügen und 10-12 Minuten kochen, bis sie weich sind.

2. Die gekochten Kohlrabiwürfel und Knoblauchzehen abgießen und in eine Schüssel geben.

3. Das Olivenöl und die Hafermilch hinzufügen und mit einem Pürierstab zu einem glatten Püree verarbeiten. Falls das Püree zu dick ist, kannst du noch etwas Hafermilch hinzufügen, bis die gewünschte Konsistenz erreicht ist.

4. Das Püree mit Salz, Pfeffer und Zitronensaft abschmecken. Den fein gehackten Basilikum unterrühren.

5. Das Püree in eine Servierschüssel geben, optional mit Chiasamen bestreuen und servieren.

Pilz-Knoblauch-Sauté

Zubereitungszeit: 20 Minuten
Portionen: 1 Person

Zutaten:

- 200 g frische Champignons, in Scheiben geschnitten
- 2 frische Knoblauchzehen, fein gehackt
- 1 Bio-Zitrone, Saft und Schale
- 1 EL natives Olivenöl extra
- 1 Handvoll frischer Spinat, gewaschen
- 1 EL frische Petersilie, gehackt
- Eine Prise grobes Meersalz
- Frischer schwarzer Pfeffer nach Geschmack
- 1 EL Sonnenblumenkerne

Zubereitung:

1. Erhitze das Olivenöl in einer großen Pfanne über mittlerer Hitze. Sobald es heiß ist, füge den gehackten Knoblauch hinzu und brate ihn goldbraun an.

2. Füge die geschnittenen Champignons hinzu und sautiere sie, bis sie zart und goldbraun sind, etwa 5-7 Minuten.

3. Während die Pilze kochen, röste die Sonnenblumenkerne in einer separaten Pfanne ohne Öl, bis sie leicht goldbraun sind. Setze sie beiseite.

4. Füge den Spinat zu den Pilzen und dem Knoblauch in der Pfanne hinzu. Koche, bis der Spinat welk ist.

5. Mische den Zitronensaft, die Zitronenschale, Salz und Pfeffer unter und koche alles noch 1-2 Minuten weiter.

6. Gib das Pilz-Knoblauch-Sauté auf einen Teller und garniere es mit den gerösteten Sonnenblumenkernen und der frisch gehackten Petersilie.

Gebackene Pastinaken-Sticks

Zubereitungszeit: 30 Minuten
Portionen: 1 Person

Zutaten:

- 2 mittelgroße Pastinaken, geschält und in Sticks geschnitten
- 2 EL natives Olivenöl extra
- 1 EL Chiasamen
- 1 TL frischer Thymian, fein gehackt
- 1 TL Kurkuma
- Salz nach Geschmack
- Schwarzer Pfeffer nach Geschmack
- 1 TL frischer Rosmarin, fein gehackt
- 2 EL Mandelmehl

Zubereitung:

1. Den Ofen auf 200 Grad vorheizen.
2. In einer großen Schüssel die Pastinaken-Sticks mit Olivenöl vermengen, sodass sie gut damit bedeckt sind.
3. Thymian, Kurkuma, Rosmarin, Salz und Pfeffer hinzufügen und alles gut vermischen.
4. Mandelmehl und Chiasamen hinzugeben und erneut vermischen, bis die Pastinaken gleichmäßig bedeckt sind.
5. Ein Backblech mit Backpapier auslegen und die Pastinaken-Sticks darauf verteilen. Dabei darauf achten, dass sie nicht übereinander liegen.
6. Im vorgeheizten Ofen etwa 20-25 Minuten backen, bis sie goldbraun und knusprig sind. Einmal während des Backens wenden, um eine gleichmäßige Bräunung zu gewährleisten.
7. Aus dem Ofen nehmen und kurz abkühlen lassen.

Asiatischer Krautsalat

Zubereitungszeit: 15 Minuten
Portionen: 1 Person

Zutaten:

- 100 g Rotkohl, fein geschnitten
- 50 g Karotten, geraspelt
- 50 g Radieschen, in dünne Scheiben geschnitten
- 2 EL frische Korianderblätter, grob gehackt
- 1 Bio-Zitrone, Saft und Abrieb
- 1 EL natives Olivenöl extra
- 1 TL frischer Ingwer, fein gerieben
- 1 TL Chiasamen
- Eine Prise Schwarzer Pfeffer
- 1 TL Sesam
- 2 EL Avocadomus
- 1 EL Hanfsamen

Zubereitung:

1. Du beginnst damit, den Rotkohl, die geraspelte Karotte und die Radieschenscheiben in eine Schüssel zu geben.

2. In einer kleinen separaten Schüssel vermischt du den Zitronensaft, Zitronenabrieb, Olivenöl und geriebenen Ingwer, um ein Dressing herzustellen.

3. Gib das Dressing über das Gemüse in der großen Schüssel und vermische alles sorgfältig.

4. Füge nun den frischen Koriander, die Chiasamen und den schwarzen Pfeffer hinzu und mische erneut.

5. Den Salat in deine Lieblingsschale geben und mit Avocadomus beträufeln.

6. Zum Schluss streust du die Hanfsamen und den Sesam darüber.

Avocado-Limetten-Dip

Zubereitungszeit: 10 Minuten
Portionen: 1 Person

Zutaten:

- 1 reife Avocado, entkernt und geschält
- Saft und Abrieb von 1 Bio-Limette
- 1 kleine Knoblauchzehe, fein gehackt
- 1 EL natives Olivenöl extra
- 1 TL frischer Ingwer, gerieben
- 1 TL frischer Koriander, gehackt
- Salz und schwarzer Pfeffer nach Geschmack
- Einige Chiasamen als Topping (optional)

Zubereitung:

1. Nimm eine Schüssel und zerdrücke die Avocado mit einer Gabel, bis sie cremig ist.
2. Füge den Saft und den Abrieb der Limette hinzu.
3. Füge den gehackten Knoblauch und geriebenen Ingwer hinzu und vermische alles gut.
4. Gib das Olivenöl dazu und rühre es unter, bis es vollständig eingearbeitet ist.
5. Schmecke mit Salz und schwarzem Pfeffer ab.
6. Streue den frischen Koriander darüber und mische erneut.
7. Wenn du möchtest, kannst du einige Chiasamen als Topping darüberstreuen.

Schlusswort

Liebe Leserin, lieber Leser,

Ich hoffe, dass jedes Rezept, das du ausprobiert hast, ein Schritt auf deinem Weg zu einer bewussteren und gesünderen Ernährungsweise war. Mögen diese Seiten dich inspiriert haben, dich kreativ in der Küche auszuleben, zu experimentieren und vielleicht sogar deine eigenen Rezepte zu kreieren.

Dieses Buch ist mehr als nur eine Sammlung von Rezepten; es ist ein Ausdruck der Überzeugung, dass leckeres Essen und Gesundheit Hand in Hand gehen können. Gesundheit ist kein Zustand, sondern ein fortlaufender Prozess. Und jeder kleine Schritt, jede einzelne Entscheidung, die wir treffen, führt uns auf diesem Weg weiter.

In diesem Sinne möchte ich dich ermutigen, weiterhin Neues auszuprobieren, deine Grenzen in der Küche zu erweitern und vor allem, Freude am Kochen und Essen zu haben. Und denke daran: Das Wichtigste ist nicht das perfekte Gericht, sondern die Liebe und Sorgfalt, die wir hineinstecken.

Deine Carina Lehmann

Impressum